Hellmuth Frey / Hans-Jürgen Peters

Geistliche
Schriftauslegung

W0052448

BRUNNEN

VERLAG GIESSEN·BASEL

„EDITION ICHTHYS" BAND 1 – IN DER REIHE TVG-ORIENTIERUNG

Die Herausgeber der Schriftenreihe „Edition Ichthys":

Bodelschwingh-Studienstiftung
Schwanallee 53, 35037 Marburg
http://www.bsh-marburg.de

Bodelschwingh-Studienhaus in Marburg
Studienbegleitung für Theologiestudierende
Seelsorgerliche Begleitung
Theologische Zeitschrift „Ichthys"
Studienfreizeiten, Seminare, Studientage

Krelinger Studienzentrum
Geistliches Rüstzentrum Krelingen, 29664 Walsrode
http://www.krelinger-studienzentrum.de

Theologisches Vorstudienjahr
Sprachkurse zum Graecum und Hebraicum
Theologisches Grundstudienjahr mit Bibelkunde
Religionspädagogisches Vorstudienjahr

© 2001 Brunnen Verlag Gießen
Umschlagmotiv: MEV, Augsburg
Umschlaggestaltung: Ralf Simon
Satz: Brunnen DTP
Herstellung: St.-Johannis-Druckerei, Lahr
ISBN 3-7655-9092-4

Inhalt

Geleitwort

Mit dem vorliegenden Buch stellen wir Ihnen die erste Veröffentlichung der neu begründeten Schriftenreihe „Edition Ichthys" vor. Dabei verstehen wir den Titel „Ichthys", die Kurzform des frühchristlichen Bekenntnisses zu Jesus Christus als dem Sohn Gottes und Retter, durchaus als Programm: Unsere Hoffnung ist, dass die Beiträge helfen, theologisches Denken und Studieren auf Jesus Christus hin zu orientieren.

Die Artikel in der „Edition Ichthys" sind hervorgegangen aus der Studienbegleitung von Studierenden der evangelischen Theologie. Im Vorstudium des Geistlichen Rüstzentrums Krelingen und in der Studienbegleitung durch die Bodelschwingh-Studienstiftung in Marburg, – insbesondere durch die Theologiestudentenzeitschrift „Ichthys" – fanden viele Studierende geistliche Orientierung und Anleitung zu einer biblisch-reformatorischen Theologie. Beide Studieneinrichtungen tragen das neue Projekt gemeinsam. Zum Herausgeberkreis gehören: Studienleiter Dr. Erhard Berneburg, Krelingen; Dr. Manfred Dreytza, Krelingen; Studienleiter Hans-Jürgen Peters, Marburg, und die ehrenamtlichen Mitarbeiter in der Studienbegleitung Thorsten Dietz und Thomas Jeromin.

Nicht ohne Absicht beginnt die neue Schriftenreihe mit dem Wiederabdruck eines Aufsatzes des Alttestamentlers Hellmuth Frey (1901-1982): „Um den Ansatz theologischer Arbeit" (bisher in „Abraham, unser Vater", Festschrift für Otto Michel, Leiden/Köln 1963). Aus seinem Selbstverständnis als Lehrer der Kirche heraus sah sich Frey in den Kampf gestellt gegen die Zersetzung der Glaubensgrundlagen durch philosophische Überfremdungen in der Theologie. Um Frey sammelten sich seit 1966 Bibel- und Gebetskreise, die später zu den Einrichtungen der Studienvorbereitung in Krelingen und zur Studienbegleitung durch die Bodelschwingh-Studienstiftung geführt haben.

Das Grundanliegen der theologischen Arbeit Hellmuth Freys bestand darin, vor dem Hintergrund der Heiligkeit Gottes die Genugsamkeit des Heilswerkes Christi in der gegenwärtigen Situation zur Geltung zu bringen. In der sogenannten pneumatischen Exegese sah er den Weg, in dem der Buße und Glaube wirkende Heilige Geist durch die Heilige Schrift selbst ihr Interpret wird und durch den allein sie in ihrer geschichtlich gewordenen Gestalt sachgemäß verstanden werden kann.

Hans-Jürgen Peters, Studienleiter der Bodelschwingh-Studienstiftung, nimmt den Impuls des theologischen Ansatzes von Frey auf und bringt ihn in die aktuelle hermeneutische Debatte ein. Dabei geht es nicht um die Verteidigung einer – oft missverstandenen – pneumatischen Methode, sondern darum, die Bibel wieder als Wort Gottes in den Blick zu bekommen und mit der Bibel so zu arbeiten, dass alles theologische Arbeiten von ihr geprägt und bestimmt wird.

Für den Herausgeberkreis   Dr. Erhard Berneburg

Thorsten Dietz

Einführung zu Hellmuth Frey: „Um den Ansatz theologischer Arbeit"

Wenn ein einzelner theologischer Aufsatz nach fast vierzig Jahren noch einmal veröffentlicht wird, versteht sich das nicht von selbst. Längere Zeit ist es um Hellmuth Frey (1901-1982) still gewesen. Seine Ansätze wirkten wohl weiter: Zunächst in Krelingen, wo Sven Findeisen in der Weiter- und Fortführung der Ansätze von Hellmuth Frey viele Studenten in der Vorbereitung auf das Theologiestudium nachhaltig prägte, seit über dreißig Jahren auch auf den Pura-Freizeiten, die jedes Jahr im Tessin stattfinden, schließlich in der studienbegleitenden Arbeit, wie sie von der Bodelschwingh-Studienstiftung und vom Arbeitskreis geistliche Orientierungshilfe (AgO) in verschiedenen Theologiestudentenkreisen und im Bodelschwingh-Studienhaus in Marburg betrieben wird. Doch aus der öffentlichen Diskussion war Frey weitgehend verschwunden. Erst in den letzten Jahren regte sich zunehmend neues Interesse an Hellmuth Frey, das an verschiedenen Orten zu einer neuen Beschäftigung mit seinem Werk führte.

Hellmuth Frey wurde am 20. Dezember 1901 in Torri/Estland geboren. Nach seinem Studium in Dorpat und Tübingen arbeitete er ab 1928 als Pastor und Dozent für Altes Testament in Dorpat. Der Krieg verschlug ihn zunächst als Pastor nach Lissa (1941-1943) und schließlich in die Kriegsgefangenschaft mit Lehrtätigkeit in der Kriegsgefangenenhochschule Norton Camp (1943-1945). Nach dem Krieg wurde er nach Bethel als Dozent für Altes Testament an die Theologische Schule und als Seelsorger für geistig Behinderte in den Bodelschwinghschen Anstalten gerufen. Bekannt wurde er vor allem durch seine Veröffentlichungen diverser Kommentare in der Reihe „Die Botschaft des Alten Testaments". Seine Auslegungen zu Genesis und Exodus, Amos und Hosea, den nachexilischen Propheten sowie zum Buch Jesaja (Kap. 40-55) setzten Maßstäbe dafür, wie zugleich wissenschaftlich verantwortete und geistlich ausgerichtete

Auslegungen des Alten Testaments für die Gemeinde präsentiet werden können.

Vor allem seine Beiträge zur Schriftauslegung und Hermeneutik sorgten in den 6oer und 7oer Jahren für Aufsehen. Dabei wurden Freys Anfragen und Ansätze oft nur bruchstückhaft und verzerrt zur Kenntnis genommen. Den einen war seine Kritik zu grundsätzlich. Als Mitbegründer des Bethel-Kreises (1960) war er wesentlich an der Entstehung der aus diesem Kreis erwachsenen Bekenntnisbewegung „Kein anderes Evangelium" (1966) beteiligt. Man verübelte ihm zum Teil, dass er in dieser Tätigkeit den Streit um die Bibel nicht nur zu einer wissenschaftlichen Auseinandersetzung, sondern zu einer Sache der Gemeinde machen wollte. Wieder andere warfen ihm vor, in seiner Ablehnung der Bibelkritik nicht weit genug gegangen zu sein. Vor allem kritisierte man, dass Frey sich stets grundsätzlich vom amerikanischen Fundamentalismus distanziert hatte, dessen mechanisches Verständnis von „inerrancy" („Irrtumslosigkeit") er nicht zu übernehmen bereit war.

Wieder andere hielten ihn für zu unwissenschaftlich, da er sich nicht nur auf dem Wege wissenschaftlicher Argumente für die Autorität der Bibel einsetzte, sondern ausdrücklich einen geistlichen Zugang zu ihr einforderte. Mit der Zeit entstanden eine Reihe von Missverständnissen und Fehldeutungen, die etwa Frey vorwarfen, er hätte jeglichen Gebrauch von Methoden verworfen oder würde den Geistbesitz gegen den Gebrauch der natürlichen Vernunft ausspielen. Jede gründliche Lektüre seiner Ausätze erweist, wie haltlos diese Vorwürfe sind.

Freys Aufsatz „Um den Ansatz theologischer Arbeit" (1963) war nicht sein erster Beitrag zur hermeneutischen Debatte. Schon 1952 veröffentlichte Frey ein kleines Büchlein mit dem Titel „Das Wort ward Fleisch", in dem Frey sich in die damals vieldiskutierte Debatte um die Entmythologisierung einschaltete. Schon hier begegnen viele Ideen und Gedanken seiner späteren Werke. Zugleich muss man sagen: Im Blick sind damals stärker die verheerenden Auswirkungen des Bultmannschen Entmythologisierungsprogramms, die als direkte Konsequenz der rationalistischen historischen Wissenschaft sowie des philosophischen Existenzialismus aufgezeigt werden. Der Ansatz der Exegese, die Grundlagen der historisch-kritischen Exegese und ihre grundsätzliche Revisionsbedürftigkeit sind hier jedoch noch nicht zum Thema gemacht. Darin liegt das Besondere des Aufsatzes von 1963. In „Um den Ansatz theologischer Arbeit" stellt mit Hellmuth Frey erstmals ein Exeget von Rang den grundsätzlichen Konsens über die historisch-kritische Methode in Frage. Nicht mehr einzelne Ergebnisse und Thesen, nicht mehr verschiedene Methoden und Details der historischen Arbeit und ihrer Ergebnisse werden zur Erörterung gestellt; denn dies ist durchweg geschehen. Auseinandersetzungen haben fürwahr immer bestanden, ob zwischen Rudolf Bultmann und Julius Schniewind, Gerhard Ebeling und Peter Brunner, Ernst Käsemann und Paul Althaus. Die Kritik am theologischen Liberalismus und Rationalismus hat in der deutschen Theologie eine lange Tradition. Freilich sind all diese Auseinandersetzungen auf der vermuteten gemeinsamen Basis geführt worden, dass man zumindest gleichermaßen anerkenne, dass die Bibel letztlich der entscheidende Bezugspunkt sei, es also darauf ankomme, auf dem Feld der wissenschaftlichen exegetischen Auseinandersetzung zu erweisen, dass die jeweils eigene Position die überlegene sei. Diesen Konsens aufzukündigen, nicht mehr davon auszugehen, dass man sich über die Grundlagen der Schriftauslegung zumindest irgendwie einig sei, sondern gerade hier sich unüberbrückbare Gegensätze auftun, das hat vor Frey niemand in dieser Entschiedenheit gewagt. Mit dieser These ist die epochale Bedeutung des hier veröffentlichten Aufsatzes verbunden: mit der historisch-kritischen Methode besitzt die protestantische Theologie und Kirche kein neutrales Werkzeug zum Verständnis der Bibel, keine wertfreie gemeinsame Basis, auf der Konflikte im Konsens entschieden werden können, sondern einen Zugang zur Bibel, der in seinem theologischen Ansatz, in seinen weltanschaulichen Wurzeln und in seinem dogmatischen Vollzug notwendig ein rechtes Hören auf die Bibel behindert. Freys Aufsatz ist ein Anfang, kein Fazit, der Beginn eines neuen radikalen Fragens, nicht fertiges Ergebnis eines langen Prozesses.

In den nächsten Jahren hat Frey sich intensiv weiter mit diesem Ringen um den neuen Ansatz beschäftigt, sei es direkt in Konfrontation mit den beiden Bultmannschülern Willi Marxsen und Ernst Käsemann, oder sei es zusammenfassend in seinem Werk „Die Krise der Theologie". Vor allem an diesem Buch wird kein Weg vorbeiführen für jeden, der sich mit Frey näher beschäftigen will. Hier zieht Frey die in „Um den Ansatz theologischer Arbeit" gelegten Linien aus zu einer grundsätzlichen Bilanz der hermeneutischen

Ansätze des 20. Jahrhunderts. Die grundlegenden Entscheidungen aber werden nicht mehr revidiert, nur noch erläutert, näher ausgeführt und im Blick auf andere Positionen weiter begründet. Insofern ist mit dem hier abgedruckten Aufsatz von Hellmuth Frey der ideale Einstieg gegeben für jeden, der sich mit Frey näher beschäftigen will.

Hellmuth Frey

Um den Ansatz theologischer Arbeit[*]

1. *Zum theologischen Ansatz der Exegese*

In diesen thesenartigen Sätzen, die das Fazit aus einer Darstellung des Weges der alttestamentlichen Theologie in den letzten hundert Jahren[1] ziehen, wird versucht, Anregungen zu einer *Besinnung auf Standort und Aufgabe der Auslegung* zu geben.

Bedarf es eines neuen Ansatzes? Ist unser Standort theologiegeschichtlich nicht im Lichte des in ständiger Selbstkorrektur sich vollziehenden Fortschrittes der wissenschaftlichen Erkenntnis zu sehen?[2] Auf dem Serpentinenwege von der Scholastik zur Reformation, von der Reformation zur Orthodoxie, von der Orthodoxie zur Aufklärung, zur Romantik und zum Biblizismus, von da zur Literarkritik, von der Literarkritik zur Religionsgeschichte, zum Psychologismus und der von Romantik und Idealismus beherrschten historischen und von ihr zur dialektischen Theologie – auf diesem Wege befänden wir uns jetzt an der Stelle, wo die Kurve von der Dialektik über den Existenzialismus zur Wiederaufnahme der historischen und religionsgeschichtlichen Fragestellung des Liberalismus zurückschwingt, um nach ihrer vertieften Bewältigung aufs neue nach rechts einzubiegen. Bestätigt nicht die Fülle neuer Erkenntnisse, die auf diesem Zickzackweg eingebracht wurden, diese Schau?

Doch wem spränge nicht die geistesgeschichtliche Herkunft dieser Sicht aus dem Arsenal des Idealismus in die Augen! Wir sind in den Fluß der ewigen Bewegung des Geistes versetzt, die sich in These, Antithese und Synthese oder Satz und Gegensatz vollzieht. An die Stelle von Verantwortung, Sünde und Buße tritt für die Theologie

---

[*] Zuerst veröffentlicht in: Abraham, unser Vater – Juden und Christen im Gespräch über die Bibel. Festschrift für Otto Michel zum 60. Geburtstag. Hg. v. O. Betz u.a., Arbeiten zur Geschichte des Spätjudentums und Urchristentuns 5. Leiden; Köln 1963, S. 153-180.

[1] In Vorträgen auf Pfarrkonferenzen in Marburg, Ahlden a.d. Aller und auf dem Bienenberg bei Basel.

[2] Vgl. E. Käsemann, Exetische Versuche und Besinnungen, 1. Bd. 1960, 189. 231.

das Erkennen des Ortes innerhalb dieser Bewegung, an dem wir uns befinden. An die Stelle der Verschuldung am Gegenüber Gottes tritt das Sich-bewußt-werden des ewigen Geistes in solchem Erkennen. Solch einer philosophischen Betrachtungsweise steht die biblisch-theologische gegensätzlich gegenüber. Sie sieht auch das theologische Denken und Reden in der Spannung zwischen Gottes Willen und dem menschlichen Erkennen und Gehorchen und in der Verantwortung zwischen Verschuldung und Buße. Sie weiß sich in dieser Verantwortung an jedem Zeitpunkt unmittelbar vor Gott. Sie weiß aber auch von geschichtlichen Stunden, die Jahrhunderte alte Fehlentwicklungen zur Reife bringen, und von einer eschatologischen Stunde, die das endgültige Fazit zieht, in der aus dem Versuch der Schlange, Gottes Erkenntnis in den Griff zu bekommen, der die Emanzipation des Menschen einleitete – der Anschlag des großen Drachen auf das fleischgewordene Wort wird, der es zum Schweigen bringen soll.

Wo immer wir stehen, in theologischer Sicht gesehen sind wir zur Buße gerufen, zur Neu- und Rückbesinnung auf das, was Theologie ist, und darauf, wo die Bemächtigung des Wortes begann. Rudolf Kittel zeichnet unter dem Eindruck des Gerichtes über eine ganze Zeit im ersten Weltkriege solch eine kollektive theologische Buße einer ganzen Generation an der Revision der Geschichte durch die deuteronomistische Schule[3]. Ein Schritt in der Richtung solch einer Buße ist die Besinnung darauf, daß Theologie nicht einen Ausschnitt aus jener anonymen Bewegung des Geistes darstellt, sondern Denken, Fragen und Reden in eschatologischer Verantwortung vor Gott und für die Gemeinde ist. Schon im AT bedeutet „Nichterkennen" nicht Mangel, sondern Schuld[4].

Um Mißverständnisse abzuwehren, die den radikalen Ernst verdunkeln, mit dem unsere Theologie infragegestellt ist, muß dabei gleich vorweg gesagt werden: Es kann sich weder bloß um Korrektur einzelner Methoden und Ergebnisse handeln, noch auch darum, das Nachdenken über das Irrationale überhaupt aufzugeben, die rationalen Methoden der Forschung an sich zu ächten und in irgendeine Art von Orthodoxie oder Fundamentalismus zu flüchten. Auch

---

[3]   Vgl. R. Kittel, Geschichte des Volkes Israel, 3. Bd, 1. Hälfte, 1927, 188 f., 190 ff. Allerdings ist Kittels Schau dieser Buße von idealistischen Prämissen her getrübt.

[4]   Vgl. Jes. 1, 3; Hos. 4, 6; 5, 4 usw.

theologische Forschung mit dem Einsatz aller Verstandeskräfte und -methoden steht unter der Verheißung „alles ist euer", allerdings auch unter der Mahnung im Nachsatz „ihr aber seid Christi"[5]. Die Bußforderung an die Theologie ist aber keine vordergründige, sondern trifft den *Ansatz,* von dem her wir die Sache, mit der es die Theologie zu tun hat, überhaupt nicht mehr in den Blick bekommen können, statt dessen aber zu bestimmten Ergebnissen gelangen müssen, die schon im Ansatz vorgegeben sind. Es geht also um die Aufspürung der Wurzel des menschlichen Bemächtigungsstrebens gegenüber der Offenbarung in unserem theologischen Denken und um den Entschluß zur radikalen Preisgabe der Autonomie des menschlichen Geistes aus ihm.

2. *Der Wissenschaftsbegriff*

Stehen wir nicht in einer stolzen Tradition, die über Idealismus, Romantik und Aufklärung hinaufreicht zum Humanismus[6] und zur Renaissance? Adolf Harnack hat fälschlich versucht, Luther zum Bahnbrecher dieser Tradition zu stempeln, der die Vormundschaft der Kirche zerbrach und die Autonomie des Geistes auf allen Gebieten wieder entdeckte[7]. Von hier erhielt das Ideal einer voraussetzungslosen Forschung, die von der befreiten Vernunft getrieben das Gesetz ihres Forschens in sich selber hat, in der protestantischen Theologie seine reformatorische Legitimierung.

In unserer Zeit der radikalen Krise des Menschen kann dies Ideal sich nur gebrochen behaupten, sei es, daß man die Zuständigkeit der autonomen Vernunft auf die Gewinnung der Gleichzeitigkeit mit den Texten und des persönlichen Bezuges zu ihnen sowie auf die Eruie-

---

[5] 1 Kor. 3, 22.23.

[6] Vgl. H. J. Kraus, Geschichte der historisch-kritischen Erforschung des AT, 1956, 21 ff.

[7] „Unter seinem (des Geistes des Glaubens) Wehen rang sich alles, was ein Recht auf freie Geltung hatte, zu selbstständiger Entfaltung empor" (S. 21). „Luther hat nicht nur angefangen, die Erkenntnis der Wahrheit vom Machtspruch der Überlieferung zu befreien und damit eine reine Betrachtung der Geschichte zu ermöglichen, sondern er hat die Freiheit und Verantwortlichkeit des Arbeitenden verkündigt" (S. 24). A. von Harnack, Martin Luther in seiner Bedeutung für die Geschichte der Wissenschaft und der Bildung, 1883, vgl. Reden und Aufsätze, 1. Bd, 1. Abt., 1903, Ausgewählte Reden und Aufsätze, 1951.

rung ihrer Botschaft beschränkt, aber deren Aneignung einer anderen Seelenkraft oder einem irrationalen Vorgang vorbehält, sei es, daß man der autonomen Ratio in Gestalt der textkritischen, philologischen, literarkritischen, historischen und überlieferungsgeschichtlichen Arbeit ein Vorfeld einräumt, aber für die eigentliche theologische Erfassung der Botschaft einen höheren Erkenntnisgang einschaltet. Für diese Arbeit im Vorfeld verlangt man dann zu ihrer sauberen Durchführung die radikale Ausklammerung jedes überrationalen Erkenntnisbezuges und die Betrachtung auf der Ebene profaner Literaturerzeugnisse, wie man für die Arbeit in einer elektrischen Apparatur den Strom ausschalten muß. Oder man erkennt die Zuständigkeit des Pneumas für die Regulierung des gesamten Erkenntnisganges an, beschränkt aber seine Tätigkeit und Wirkung auf das reibungslose und logische Funktionieren der Ratio und ihrer Methoden und kommt auf diese Weise praktisch doch bei der vollen Emanzipation des menschlichen Geistes an.

Es ist nicht zu verwundern, daß auf diesen Wegen auch die Resultate der theologischen Forschung in einem vorgegebenen Rahmen gehalten werden.

3. Das Inspirations- und Inkarnationsverständnis

Dieser Konzeption des Ansatzes unserer theologischen Forschung entspricht ein bestimmtes Verständnis von der Inspiration der Schrift. Entweder man eliminiert die Inspiration der Schrift im eigentlichen Sinn des Wortes und verlegt die Offenbarung in das Geheimnis der menschlichen Persönlichkeit, in die geniale Intuition, in die individuelle oder kollektive Frömmigkeit, oder in soziologische Prozesse als Orte der Ideenbildung, oder in das im Text zur Sprache kommende Selbstverständnis als seine allein relevante Botschaft – das heißt in immanente Vorgänge. Oder man erkennt die Inspiration zwar an, aber setzt sie durch Beschränkung in irgendeiner Richtung außer Kraft. Man reduziert sie auf den Akt eines Diktates, der die schriftgewordene Offenbarung in rationaler Durchsichtigkeit und Widerspruchslosigkeit dem autonomen Verstande zur Einsicht preisgibt (der neue Fundamentalismus als Erbe der Orthodoxie). Oder man zieht die Inspiration zurück auf die hinter der Schrift stehenden Offenbarungsempfänger (Personalinspiration), oder auf die Sache, die sie behandeln (Realinspiration), oder auf inspirierte Stellen,

sogenannte „pneumatische Punkte" (Procksch)[8], oder man sucht
zwischen den den Propheten gewordenen Botschaften und ihrem
eigenen rationalen oder ethischen Beitrag zu unterscheiden (moderne
Prophetenforschung) usw. Diesem Inspirationsverständnis entspricht die Auffassung vom
Verhältnis des göttlichen zum menschlichen Charakter des Wortes
der Schrift, d.h. von der Fleisch- oder Geschichtswerdung des Wortes.

Entweder man leugnet den göttlichen Wortcharakter der Schrift
überhaupt und reduziert sie auf menschliche Gedanken über Gott,
das Irrationale und die letzten Dinge, bzw. über den Menschen in
seiner Bezogenheit auf sie. Oder man postuliert einen göttlichen
Kern in menschlicher Schale, die ewige Idee in ihrer jeweiligen zeit-
geschichtlichen Verkleidung, oder die geschichtliche Gotteserfahrung
in ihrer mythischen oder sagenhaften Verbrämung. Oder man sieht
das Göttliche umgekehrt gerade im Individuellen, Zeitgebundenen,
Originalen. Oder man reduziert die Relevanz der Schrift (von Göttlichkeit kann hier nicht mehr gesprochen werden) unter Beiseite-
schiebung des Inhaltes auf das in ihr sich aussprechende Existenzverständnis. So oder so versucht man das Göttliche und Menschliche,
das Relevante und Irrelevante, Wort und Fleisch auseinander zu
dividieren und das Geheimnis der Inkarnation aufzulösen.

4. Die reformatorische Sicht

Hier beginnt aber bereits der Fehlansatz. Bei der Auseinanderdividierung in Kern und Schale, ewige Idee und zeitgebundene Historie,
Inhalt und Existenzverständnis usw. kommt das Geheimnis der Inkarnation nicht mehr in den Blick. Eher läßt sich das Verhältnis der
göttlichen zur menschlichen Seite des Wortes dem der Seele zum
Leibe vergleichen. Man begegnet der Seele des Andern nur in seiner
Körperlichkeit. Beim Händedruck aber teilt sich · die Person des

---

[8] O. Procksch, Über Pneumatische Exegese, Christentum und Wissenschaft 1,
1925, 145-158. Procksch kommt allerdings dann über Jesus „als dem pneumatischen Zentrum der Bibel" zum „pneumatischen Charakter der (ganzen) Bibel" (S.
153) und zur These: „In Wirklichkeit ist pneumatische Exegese nicht eine Pro-
vinz, die nur der historischen oder systematischen oder praktischen Theologie zu-
fällt, sondern überall, wo Exegese getrieben wird, da sollte sie pneumatisch sein"
(S. 157-58). Das ist die These, die das hier vorgelegte Referat vertreten soll.

Andern auch durch die Narben, Schwielen und von der Geburt her bestehenden Entstellungen uns mit. Das „unvermischt und unzertrennt" des Chalcedonense gilt auch für die Schrift. Gerade in ihrer Menschlichkeit, Schwachheit, Irrtümlichkeit und Widerspruchsgeladenheit ist die Schrift ganz Gottes Wort, irrtumslose Vermittlung seines Heils. Es spricht in ihr Gott selbst.

Die einzige diesem Geheimnis der Geschichtswerdung und Inkarnation des Wortes angemessene Inspirationsauffassung ist die von Luther vorgetragene[9] und von Karl Barth bestätigte Lehre von der totalen und „verbalen Inspiration"[10] der ganzen Schrift. Sie gerade ist ernstgenommen Schutz gegen die mechanischen Inspirationstheorien des Fundamentalismus und der Orthodoxie, die die Wirksamkeit der Inspiration auf den Ursprung der Schrift zurückdrängen und den Geist in rational durchsichtige Widerspruchslosigkeit einfangen und der Ratio verfügbar machen – ebenso aber gegen moderne

---

[9] Barth, KD 1, 2, 1945³, 577, zitiert dazu Luther: „ut omne verbum vocale, per quemcunque dicatur, velut Domino ipse dicente suscipiamus credamus, cedamus et humiliter subiiciamus nostrum sensum. Sic enim iustificabimur et non aliter" (Kommentar zu Röm. 3, 22, 1515/6, Fi. II 89, 31). Und ... (Fi. II, 86, 10): „Fides enim consistit in indivisibili, aut ergo tota est et omnia credenda credit aut nulla, si unum non credit"... „Darumb heisst, rund und rein gantz und alles geglaubt, oder nichts gleugbt. Der heilige Geist lesst sich nicht trennen noch teilen, das er ein stück solt warhafftig und das ander falsch leren oder gleuben lassen ... Denn alle Ketzer sind dieser art, das sie erstlich allein an einem Artikel anfahen, darnach müssen sie alle hernach und alle sampt verleugnet sein, gleich wie der Ring, so er eine borsten oder ritz kriegt, taugt er gantz und gar nicht mehr. Und wo die Glocke an einem ort berstet, klingt sie auch nichts mehr und ist gantz untüchtig" (Kurzes Bekenntnis vom heil. Sakrament, 1544, W.A. 54, 158, 28).

[10] „Gehören die Zeugen der Offenbarung in ihrer konkreten Existenz und also auch in ihrem konkreten Reden und Schreiben selber mit zur Offenbarung, haben sie durch den Geist geredet, was sie durch den Geist erkannt haben, haben wir sie wirklich zu hören und also ihre Worte zu hören – dann ist nicht abzusehen, inwiefern wir nicht in der Tat *alle* ihre Worte mit dem gleichen Respekt zu hören haben sollten. Es wäre dann willkürlich, ihre Inspiration nur auf diese und jene uns vielleicht wichtig erscheinenden Bestandteile ihres Zeugnisses oder wohl gar überhaupt nicht auf ihre Worte als solche, sondern nur auf die sie dabei bewegenden Meinungen und Gedanken zu beziehen. Ist die Inspiration nur eingeordnet in jenen Kreislauf von Gottes Offenbarwerden durch den Geist bis zu unserem eigenen Erleuchtetwerden durch denselben Geist, dann mag und dann muß die zwischen dort und hier, zwischen Gott und uns vermittelnde Inspiration der biblischen Zeugen sehr bestimmt als Realinspiration nicht nur, sondern wirklich als *Verbal*inspiration verstanden werden"; a.a.O., 574/75. Barth setzt dabei im Folgenden „Verbalinspiration" von „Verbalinspiriertheit" ab.

Wissenschaftstheorien, die grundsätzlich dem Zugriff der autonomen Vernunft auf die Offenbarung huldigen, die Inspiration auf die Personen oder die Sache oder Teile der Schrift beschränken oder ganz leugnen.

Karl Barth faßt das reformatorische Inspirationsverständnis zusammen in der Anerkennung des dreifachen Geheimnisses der Herkunft der Schrift aus einer unverfügbaren Dimension, – der im Christus wirkenden Gegenwart Gottes als ihrem Inhalt – und endlich ihrer Unverfügbarkeit gegenüber jeder Art menschlicher Bemächtigung, d.h. ihrer Selbsterschließung aus freier Gnade und Selbstverschließung in willkürlichem Verstockungswillen. Es ist das Geheimnis der Geistgezeugtheit, Geisterfülltheit und alleinigen Auslegbarkeit der Schrift durch den Geist[11/12].

---

[11] Barth, a.a.O., 577-579.

[12] Eine objektive Fassung von Luthers Kanon- und Schriftverständnis ist dadurch erschwert, daß seine Aussagen mitunter durch die Frontstellung bedingt sind. Ernst Käsemann macht Luther für die radikale Anwendung der historischen Kritik auf die Bibel verantwortlich, sofern die Reformatoren 1. Schrift und Evangelium in ein dialektisches Verhältnis zueinander setzten (dem Enthusiasmus gegenüber die Schrift, dem Katholizismus gegenüber das Evangelium als kritische Instanz über der Schrift betonten), 2. mit nicht selbstverständlichem Nachdruck auf den Wortsinn der biblischen Texte ausgingen und 3. die Welt mit ihren profanen Hantierungen aus der Ordnung des heiligen Bezirks in die Verantwortung für die eigenen Aufgaben entließen und dadurch der Entwicklung sachgemäßer Methodik den Weg freigaben. (E. Käsemann, Zum Thema der Nichtobjektivierbarkeit, a.a.O., 231). – Wilhelm Maurer leugnet den Zusammenhang zwischen der inneren oder theologischen Kanonkritik Luthers von der Rechtfertigungslehre her und der historischen Kanonkritik, die vom Humanismus ausgegangen ist (W. Maurer, Luthers Verständnis des neutestamentlichen Kanons, Fuldaer Hefte 12, 1950, 76). Er verteidigt Luther gegen das Lob und den Vorwurf der subjektiven Auflösung des Kanons durch Erhebung seines persönlichen Heilsverständnisses zum Kanon des Kanons. Die kritische Funktion des Glaubens gegenüber dem Kanon bei Luther komme aus seiner Gebundenheit an das apostolische Zeugnis und habe ihren Maßstab an Christus selbst (a.a.O., 71). – Es muß aber gefragt werden, ob Luther den Maßstab für seine Verwerfung der Christologie der Offenbarung Johannes und sein Ja zu der der Paulinen von dem Christus des Kanons oder von seinem Christuserlebnis bzw. von seinem Schrifterlebnis hergenommen hat, noch schärfer: ob die Ausspielung der Paulinen und des Johannesevangeliums wegen ihres kerygmatischen Charakters gegen die Synoptiker, Apostelgeschichte usw., die „viel seyner werck, wenig seyner wort beschreyben" (S. 73) nicht entgegen Luthers eigenem Kanonverständnis doch eine subjektive, vom eigenen Erleben geleitete Auswahl innerhalb des Kanons treibt. Die Front, in der er steht, könnte ihn dazu verführt haben, in der Praxis seinem eigenen Inspirationsverständnis in

den Rücken zu fallen. So urteilt wenigstens Karl Barth: „Sollte er, (Luther) etwa
in seiner Lehre von Gesetz und Evangelium die Würfel nicht in besten Treuen
auch etwas gemeistert und das Kleid Christi nicht auch geteilt haben?" Karl Barth
kann sich auf das Bekenntnis des alten Luther zur ganzen Schrift als einiges Werk
des Heiligen Geistes und gegen jeden Versuch ihrer Auseinanderdividierung berufen (a.a.O., 577). – Scheinbar sieht zwar Wilhelm Maurer die Akzente bei Luther
etwas anders gesetzt als es die Zitate, die Karl Barth bringt, erscheinen lassen. Die
Autorität der Schrift ruhe auf der Vollmacht der apostolischen Zeugen. Ihre Inspiration beziehe sich nicht auf den Vorgang des Niederschreibens, sondern auf
das mündliche Zeugnis von Christus, das, weil vom Geist gewirkt, ein einheiliges
ist (a.a.O., 67), und auf seine Bindung an die Schrift des A.T. an das in beiden
gemeinsame Christuszeugnis (a.a.O., 69). So ergäbe sich nicht Aufhebung, aber
doch Auslegung des Kanons im Lichte der Christusoffenbarung (a.a.O., 68). –
Aber auch W. Maurer zeigt, daß das mündliche Zeugnis der Apostel nach Luther
nicht grundsätzlich zu trennen ist von ihrem schriftlichen Zeugnis, „mündliches
apostolisches Zeugnis wird schriftliches Gotteswort". „Scriptura est sancta, quia
loquitur sicut Deus" (WA 39 I, 68, 30 f.; W. Maurer a.a.O., 68). Der Maßstab
„was Christum treibet" ist nicht ein aus dem Kanon gelöstes absolutes kritisches
theologisches Prinzip, das eine Relativierung des Kanons zur Folge hat, sondern
ein Siglum für das trinitarische Zeugnis des Kanons als eines Ganzen, das nicht
formal, sondern inhaltlich verstanden und definiert wird. Von hier aus lassen sich
Luthers zum Teil so subjektive Urteile über die Schriften des N.T. doch aus einer
praktischen Verkürzung oder Verengung der Schau im Kampf um die Herauslö-
sung des Evangeliums aus seinem katholischen Mißverständnis verstehen als eine
Inkonsequenz, die nicht aus seiner Grundposition fließt. Die Vermutung wird be-
stärkt durch Luthers eigene Zurücknahme seiner Zensurierung der Synoptiker aus
der Vollbibel ab 1534 und aus dem Neuen Testament ab 1537 (vgl. W. Heinsius,
Martin Luther, Vorreden zur Heiligen Schrift, 1934, S. 74, Anm. 11). Der Streit
um den Kanon, der sich unter den Neutestamentlern heute besonders am lukani-
schen Schrifttum entzündet, mutet allerdings, wenn man vom A.T. herkommt,
seltsam an. Es ist eigenartig, wie konservativ Luther im Gegensatz zu den Zensu-
ren, die er den Synoptikern und der Apostelgeschichte, vollends der Offenbarung
Johannes und dem Jakobusbrief erteilt, zum A.T. steht. Diese seine Haltung ist,
sehe ich recht, unter Anderem durch zweierlei bedingt: 1. dadurch, daß er die
Schrift nicht nivellierend, sondern in ihrer Vielfalt in der Einheit versteht und Gesetz und Evangelium im A.T. ein je besonderes Wort Gottes sein läßt (vgl. Luthers
Kritik an Erasmus in De servo arbitrio, W.A. 680, 23.24.27), 2. dadurch, daß er
die Schrift nicht flächenhaft, sondern heilsgeschichtlich versteht. Neben der Tren-
nung der verschiedenen Aufgaben von Gesetz und Evangelium und der Auffassung des Gesetzes als Spiegel Gottes zeigt Luther im Nebeneinander von Chri-
stusweissagung, Exempeln des Glaubens und Gesetz ein teilweises Nacheinander
der Relevanzen des einen und anderen. Im mosaischen Gesetz sieht er nicht überall den Spiegel für uns, sondern zum Teil das Wort Gottes an Israel, das aber damit, daß es uns nicht mehr gilt, seinen inspirierten Charakter als Gottes Wort
nicht verliert. Er illustriert diese Unterscheidung der Gültigkeit, die die Autorität
nicht aufhebt, am Gleichnis des Bauern, der Knecht, Magd und Frau zu ihren
Hantierungen aussendet, aber wenn jene die ihnen gewordenen Befehle vertausch-

Karl Barth zitiert zum Letzteren Luthers unvergleichlich klare Formulierung: „Spiritus solus intelligit Scripturas recte et secundum Deum. Alias autem, etsi intelligunt non intelligunt (Komm. zu Röm. 7, 1, Fi. II, 165, 25)".[13] „Haereticus est, qui scripturas sanctas alio sensu quam Spiritus flagitat, exponit (Ad librum... Ambr. Catharini 1521, W. A. 7, 710, 16)"[14]. Geradezu erschreckend ist es zu sehen, wie Luther nicht nur im Geist den einzigen legitimen Interpreten der Schrift, sondern auch in jedem Bemühen um sie ohne ihn Haeresie sieht.

Dies Inspirationsverständnis steht bei Luther nicht isoliert da, sondern leitet sich organisch aus seiner Lehre von Sünde, Gnade und Rechtfertigung ab. Am prägnantesten ist das in der Erklärung zum 3. Artikel ausgesprochen: „Ich glaube, daß ich nicht aus eigener Vernunft noch Kraft an Jesum Christum, meinen Herrn, glauben oder zu ihm kommen kann; sondern der Heilige Geist hat mich durch das Evangelium berufen, mit seinen Gaben erleuchtet, ..." Von hier ergibt sich als das proton pseudos der theologischen Tradition, in der wir stehen, die Ausklammerung der Ratio aus dem Zusammenhang des Verderbens und der Angewiesenheit auf Erlösung, Buße und Übergabe, – eine logische Folgerung aus dem nicht aufgegebenen Standort in der Emanzipation. Darin wird die letzte Bastion sichtbar, in die sich die Autonomie des Menschen in der Theologie zurückgezogen hat. Der Griff des menschlichen Erkenntnisvermögens nach dem Geheimnis der Inkarnation und des Kreuzes ist die Hybris katexochen, der Ansatz der Schlange.

---

ten, sie verprügelte und davonjagte (W.A. 16). Bei der Unterscheidung dessen, was im Gesetz Spiegel für uns und Wort an Israel ist, nimmt er allerdings das natürliche Gesetz zu Hilfe: „Also halt ich nu die gepot, die Moses geben hat, nicht darümb das sie Moses geboten hat, sondern das sie mir von natur eingepflanzet sind und Moses alhie gleich mit der natur übereinstymmet" (W.A. 16, 380; vgl. S. 165.371.372.374.379.390. 392.394). So anfechtbar uns dieser Rückgriff auf mittelalterliche Traditionen anmutet, daß er nötig wurde, weist auf eine Wunde in unserer Theologie, die offen bleiben muß, solange nicht eine neue Klärung des Verhältnisses von Offenbarung und Religionsgeschichte stattgefunden hat.

[13] Barth, a.a.O., 579.
[14] Barth, a.a.O., 579.

5. Heilsgeschichte

Die Erkenntnis der totalen Inspiration und Inkarnation, deren Geheimnis nur dem Geiste zugänglich ist, d.h. des völligen Eingangs der ganzen Göttlichkeit des Wortes in die Geschichte bis zu ihrer völligen Durchdringung, die die Menschlichkeit selbst zum Ausdruck der Göttlichkeit macht – diese Erkenntnis bedingt ein neues Interesse für die menschliche Seite des Wortes bis zu den feinsten Schattierungen und Tönungen des Ausdrucks und zugleich damit ein neues Interesse an der Geschichte. Von hier aus hat Hans Joachim Kraus recht, wenn er sagt, das reformatorische Schriftverständnis habe der Bewegung der historisch-kritischen Schriftforschung der Neuzeit den Anstoß und Auftrieb gegeben, sie geboren[15].

Aber das gilt nur zu einem Teil. Die andere Wurzel unserer kritischen Theologie liegt, wie Kraus richtig anerkennt, im Humanismus[16]. Hier ist der Mensch Ausgangspunkt, Maß und Sinn der Geschichte und des Denkens über sie, auch über das, was über die Geschichte hinaus liegt, über Gott (sofern er nicht in die menschliche Geschichte hineingezogen wurde als „Gott der geschichtlichen Notwendigkeit"[17] oder als in ihr zum Bewußtsein kommender Geist).

Das reformatorische Inspirations- und Inkarnationsverständnis bedingt aber nicht nur ein neues *Interesse* an der Geschichte, sondern gibt auch ein neues oder anderes *Verständnis* von ihr als es der

---

[15] H. J. Kraus, a.a.O., 8: „Was haben die Reformatoren eigentlich getan, als sie die Botschaft „sola scriptura" verkündeten? Gewiß: Sie haben die Kirche zur alleinigen Autorität der Schrift zurückgerufen. Sie haben aber zugleich mit dieser absoluten Hinwendung zur Bibel die Aufmerksamkeit der Theologie so stark und so voll auf die scriptura sacra konzentriert, daß jetzt auf diesem Feld des Hörens, Suchens und Forschens Beobachtungen, Erkenntnisse und Entdeckungen an das Tageslicht treten müssen, die bisher nicht von ferne geahnt worden sind." Die Frage ist, ob H. J. Kraus nicht zu einseitig die Rückkehr zum sensus literalis als die Herzader im neuen Ansatz der reformatorischen Theologie heraushebt und die Neuartigkeit ihres Inspirationsverständnisses zu wenig betont, und ob darum nicht das von ihm angepeilte Problem der Rückwendung unserer Theologie zum reformatorischen Ansatz nur einseitig in den Blick kommt.

[16] H. J. Kraus, a.a.O., 24: „... es wird sich später zeigen, daß das Gegenüber von Reformation und Humanismus in der gesamten protestantischen Bibelforschung nachwirkt ... Die Geschichte der protestantischen Bibelforschung bekommt einen eigenartigen Antrieb durch dieses in der Reformationszeit nicht bis zum Ende ausgetragene Gegeneinander" (gemeint ist von Reformation und Humanismus).

[17] J. Wellhausen, Die kleinen Propheten, 1898³, 96.

Humanismus und alle profane Geschichtsbetrachtung geben kann. Die Reformatoren stehen hier auf dem Boden der Schrift. Das N.T. ist hier abhängig vom A.T., entfaltet nur die in ihm gegebenen Ansätze. Das A.T. weiß von Gottes Wirksamkeit in der Geschichte als Herr, der die gefallene Welt aus unentrinnbarer Nähe und unüberbrückbarer Distanz durch sein schöpferisches Wort regiert. Es weiß aber auch – und davon berichtet es im besonderen – von einer anderen neuen *Weise, von Gottes wirkender Gegenwart* im *Segen* innerhalb der gefallenen Welt unter dem Fluch, von einem Einstieg Gottes in die Geschichte in der *Erwählung* der Väter und Israels, von einem Transparentwerden dieser Geschichte der Sünde, des Fluches und des Todes, von einer neuen Geschichte des Glaubens, der Gnade und des Lebens unter der Zuwendung Gottes zur Welt in den Vätern und dem Volk seiner Wahl. Es sieht in dieser neuen Art Geschichte den Sinn der gesamten Geschichte. Die Erfüllung des nur in der Verheißung offenbarten verborgenen Planes Gottes mit der Schöpfung, seiner *'ēṣāh* und seines *ḥēphäṣ*. Das ist *Heilsgeschichte*. Sie ist das Thema und die Sache, mit der die Theologie es zu tun hat, sofern sie nicht philosophische Spekulationen über Gottes verborgenes Wesen zur Aufgabe hat, sondern sich mit dem Handeln des uns zugewandten Gottes mit der Welt beschäftigt.

6. Die Andersartigkeit der Heilsgeschichte

Diese neue Art Geschichte verläuft *innerhalb* der *alten,* gebeugt unter die Last ihrer Todesgesetze. Sie ist aber gleichzeitig aus ihr herausgehoben und von einer *neuen Lebensgesetzlichkeit* bestimmt, von Gottes Ja statt seines Neins, seinem Segen statt seines Fluches, Vergebung statt Vergeltung, Glaube für Hybris, Hingabe für Emanzipation und Autonomie, Sohnschaft für Gottgeschiedenheit, Gottesknechtschaft für Selbstdurchsetzung.

Die neue Lebensgesetzlichkeit dieser Geschichte drückt sich aus in dem Glauben, in dem der Weg der Gottesknechte von Gottes segnender, versöhnter, neuschöpferischer Gegenwart durchscheinend wird, und in den Wundern, die als Zeichen der Gottesherrschaft den Weg der Glaubenden begleiten[18], und in den merkwürdigen, die Na-

---

[18]   Vgl. Ps. 136, 4.10 ff.; 105, 5 ff.; Ex. 7-11; 15-17 usw.

turgesetze auflockernden und schließlich verwandelnden Zeugungen der Verheißungsträger[19], und in der Durchbrechung des Naturlaufes an den Wendepunkten der Geschichte dieses Volkes durch Gottes unmittelbares Eingreifen und Selbstbezeugung als Herr[20], und in der Umkehrung des Geschichtslaufes durch die seltsame Zurücksetzung der Ersten und Erwählung der Letzten[21], bis zum Bekenntnis Gottes zum „Allerverachtetsten" als dem Werkzeug der Welterlösung[22], und in der Durchdringung und Überwindung des alten Geschichtslaufes durch den neuen im Leiden des Gottesknechtes Israel in der gegen Gott rebellierenden Welt und in dem Leiden der Gottesknechte unter der Rebellion der Erwählten[23], bis zum stellvertretenden Leiden des unschuldigen Gottesknechtes für sein Volk und für die Welt[24], und schließlich in dem der Zukunft zugewandten Angesicht dieser Geschichte, ihrem Rhythmus von Verheißung und Erfüllung bis zum Ausblick auf den Tag Gottes.

Das innerste Geheimnis dieser neuen Geschichte befaßt sich in ihrer Bestimmtheit durch den Christus Gottes in der ganzen Mannigfaltigkeit der Weisen, die dem Wirken Gottes in Schöpfung und

---

[19] Isaaks Gen. 18, 14; 21, 1 ff., Jakobs Gen. 25, 21, der Rahelsöhne 30, 1 (Peres' Gen. 38, 25), Simsons Jud. 13, 3; Samuels 1 Sam. 1, 5.17.20; 2, 1 ff. (Salomos 2 Sam. 12, 24), Johannes Luk. 1, 7.13, Jesu Luk. 1, 31 ff.

[20] Ex. 14; 15; Jos. 3, 16 ff.; 10, 12 ff.

[21] Jakobs vor Esau Gen. 27, 28 ff., Judas vor Ruben, Simeon und Levi Gen. 49, 1-12, Josephs vor seinen Brüdern Gen. 37, 7 f. 9 f., Peres' vor Sera Gen. 38, 28-30, Ephraims vor Manasse Gen. 48, 17-19, Sauls aus dem kleinsten Geschlecht des geringsten Stammes 1 Sam. 9, 21, Davids als des Jüngsten vor seinen sieben Brüdern 1 Sam. 16, 11, Salomos statt Amnons, Absaloms und Adonias 1 Reg. 1, 17.

[22] Jes. 49, 7.8.6; 52, 13ff.; 53, 1ff.; vgl. das Reis aus dem abgehauenen Stumpf Isais Jes. 11, 1; das Zarte vom Wipfel der hohen Zeder Ez. 17, 22.24; die Wurzel aus dem dürren Erdreich Jes. 53, 2, den von unten aufsteigenden Sproß Sach. 6, 12, den Durchbohrten Sach. 12, 10 ff.

[23] Israels in Ägypten Deut. 26, 5-9; Ex. 1, 8ff., in Babel Jes. 41, 8-25; 42, 22-25; 43, 8-12; 51, 17-23, Josephs Gen. 37-40, Moses Num. 12, 3; Ex. 5,21ff.; 6, 12; 15, 24; 16, 2; 17,2 ff.; Num. 11, 11; 12, 1; 14,2; 16, 2 usw., Davids verfolgt von Saul 1 Sam. 19-27, verfolgt von Absalom 2 Sam. 15-16, Elias und der Jahwepropheten 1 Reg. 17-19, Michas ben Jimla 1 Reg. 22, 27, Hoseas 9, 7-8, Amos' 7, 10 ff., Jesajas 8, 11 ff.; 17 ff.; Jeremias 20, 1 ff.; 26, 7ff.; 36, 11 ff.; 37, 15ff.; 38, 1 ff. vgl. die sieben Konfessionen Jeremias 12, 1-6; 11, 18-23; 20, 7-13; 20, 14-17; 17, 12-19; 18, 20-23; 15, 10-20, das Martyrium der Könige Josia 2 Chron. 35, 22 ff. und Jojachin 2 Reg. 24, 11; 25, 27, die Gebete der leidenden Gottesknechte in einem großen Teil der Psalmen und des leidenden Gottesknechtes Ps. 22; 31; 69.

[24] Jes. 53, 10-12; 50, 4ff.; 49, 1 ff.; Sach. 12, 10ff.; 13, 7-9; 11, 4-14.

Geschichte eignen, von der Vorgegebenheit seiner Sohnesstellung, seiner Gottesknechtssendung und seines priesterlichen Berufes in der Stellung, Sendung und dem Beruf Israels, seiner Amtsträger und seiner Söhne bis zum Vorspiel zu seinem Kampf und Leiden in dem Ihrigen; von den mancherlei oft bizarren, scheinbar äußerlichen, hinweisenden Zeichen am Wege der Frommen und des Volkes bis zur zeichenhaften Bedeutung der sakralen Institutionen und des Kultus und der Vorschattung seiner Stellvertretung im Opfer; von der zuchtmeisterlichen Hinführung auf ihn im Gesetz bis zur antitypischen Stellung des alten zum neuen Gesetz oder Evangelium; von der Abbildung seines Heils in den eschatologischen Zukunftsbildern bis zum direkten Ausblick auf den eschatologischen Bringer des Heils, bis zu seiner Gegenwart als Präexistenter, im wirkenden Wort des A.T. und in seinem Geist in der Gemeinde des Alten Bundes.

In dieser neuen Geschichte ist Gott nicht mehr bloß als der „Verborgene" wirksam, sondern als der „Offenbare", und sein Wort nicht mehr bloß aus der Distanz des creators gegenüber der creatura oder in der Heimlichkeit und Gebrochenheit heidnischer Gottesbeziehung, sondern Gemeinschaft stiftend und aus der Nähe wirkend den Menschen anvertraut und schließlich im menschlichen Fleisch inkarniert[25].

Diese neuartige Geschichte ist verzahnt mit der alten. Die Grenzen der einen sind der andern gegenüber geöffnet. Man denke an die Rolle der Weltherrscher Nebukadnezar und Cyrus als Knechte und Gesalbte Gottes[26], Jesajas und Jeremias als Völkerpropheten[27] und Israels unter den Heiden als Zeuge Jahwes[28], oder an die Beziehungen zwischen dem Angriff der Aramäer auf Jerusalem und der Immanuel-Weissagung[29] dem Bilde der großen Ceder für die assyrische

---

[25] Vgl. dazu Luthers Konzeption vom vierfachen Weltregiment Gottes: 1. sein unmittelbares Walten als Schöpfer und Erhalter in Natur und Geschichte, 2. seine Weltlenkung durch die Engel auf dem Wege über die Vernunft im Raum des Heidentums, 3. mit Zwang und Gewalt durch Obrigkeit und väterliches Amt unter Heiden und Christen und 4. durch das Wort und den Geist im Predigtamt ausschließlich unter den Christen (Martin Luther, Der Prophet Sacharja, 1527, W.A., 23, 511-515).

[26] Jes. 45, 1; Jer. 25,9; 27, 6; Ez. 29, 20.

[27] Jes. 14, 28–21, 17; Jer. 27, 1 ff.

[28] Jes. 43, 8 f. 10 ff. 12b ff.

[29] Jes. 7, 1 ff. 10 ff.

Gottesgeißel und dem Bilde des Reisleins aus dem Stumpfe Isais für den messianischen König[30]. Die neue Geschichte trägt aber eben damit ihre neue Melodie in die alte Geschichte hinein[31]. Sie ist selbst beherrscht von dem Ineinander der alten und der neuen Weisen[32]. An diesem Ineinander bricht erst die Dissonanz zwischen der Melodie der gefallenen Welt und dem Schöpfungsliede Gottes auf. In der Heilsgeschichte wird Hybris erst Hybris, Sünde erst Sünde und Gericht erst Gericht[33]. Die neue Melodie setzt sich unter Hybris und Verschuldung durch in Inkarnation und Kreuz[34].

7. Die Notwendigkeit des Standortes innerhalb der Heilsgeschichte

Wie sollten profane Literatur- und Geschichtsforschung nicht hilflos sein gegenüber dieser totalen Gleichartigkeit und totalen Andersartigkeit, der sie in der von der Bibel bezeugten Geschichte begegnen? Ähnlichkeit im Mythenschatz, in der bürgerlichen Gesetzgebung, in ethischen Lebensregeln, in Opfergebräuchen, Gebeten, Klageliedern, Hymnen, ekstatischen Bewegungen, soziologischen Formen, von der semitischen Kleinviehnomadenkultur und -religion bis zum kanaanäischen Stadtkönigtum und seinem Kultus, die gleichen Literaturgattungen, die gleichen wunder- und legendenhaften Umkleidungen der Geschichte, die gleichen soziologischen Phänomene. Und doch in dem allen in der Gleichheit völlige Andersartigkeit bis zum Sichtbarwerden der Unterschiedenheit für das säkulare Auge im Monotheismus der Religion Israels und ihrer Gebundenheit an geschichtliche Fakten. Wahrnehmungsvermögen, Maßstäbe und Kategorien der profanen Geschichts- und Religionsforschung reichen weder zur Analyse der Quellen noch zur Rekonstruktion des äußeren Hergangs noch zum Verstehen der inneren Zusammenhänge dieser Art von

---

30 Jes. 10, 5 ff. 33 f.; 11, 1.
31 Gen. 12,3; 49, 10; Jes. 2, 2-5; 45, 14-15.20ff.; Ps. 47; 87.
32 Vgl. die Jakobsgeschichte, die Josephsgeschichte, die Simsongeschichte, die Geschichte vom Kampf um die Thronnachfolge Davids.
33 Vgl. Ps. 51.
34 Vgl. Gen. 18, 22ff.; Ex. 32, 32; 1 Reg. 19, 4; Jes. 53, 12.10 ff.; Sach. 12, 10 ff. und dazu die Worte vom Plan (ʿēṣāh) Jes. 28, 29; 8, 10; 14, 24-27; und Heilsplan (ḥēphäṣ) Jahwes Jes. 42, 21; 53, 10.

Geschichte. Das gilt angesichts der Rolle des Wunders als Erkennungszeichen der Legende in der Profangeschichte und als Faktizitätsdokumentation des Handelns Gottes im historischen Hergang für die Heilsgeschichte; ebenso angesichts der ekstatischen Phänomene und visionären Erlebnisse als subjektiver Vorgänge der Individual- und Gruppenpsychologie in der Religionsgeschichte und als objektiver Einbrüche aus der Überweltlichkeit im Raum der Offenbarungsgeschichte; angesichts der religiösen Gewißheit als Bestimmtheit aus der religiösen Immanenz im Heidentum und als Glaube oder Bestimmtheit des Handelns aus einer anderen quer durch die Geschichte gehenden Dimension – der Transzendenz – die der natürliche Mensch nicht kennt, weil er den wirklichen Gott nicht kennt. Dasselbe läßt sich von der Rolle des Wortes als bewegender Kraft der Geschichte und des Kausalität, willkürliche Freiheit und konstante Finalität umschließenden Planes Gottes in der Heilsgeschichte sagen.

Verstehen, Rekonstruktion und Deutung dieser Geschichte sui generis wäre nur möglich von einem Standort innerhalb derselben, d.h. selber erwählt und berufen, mit einer eigenen Geschichte mit Christus, die ein Teil der größeren Geschichte Gottes mit der Gemeinde Alten und Neuen Bundes ist, die Gottes Geschichte mit der Welt mitumfaßt, d.h. hineingenommen in die Heilsgeschichte. Man wende nicht ein, Gleiches gelte von der Stellung des Historikers vor jedem geschichtlichen Phänomen, denn da geht es bei aller Ähnlichkeit der Lage um Ebenen der gleichen Dimension.

An diesen Standort innerhalb der Heilsgeschichte vermögen wir uns aber weder mit Hilfe einer Verstandesüberlegung oder einer seelischen Anstrengung noch mit Hilfe meditativer Versenkung zu versetzen. Die Versetzung liegt allein im Belieben und Handeln des Heiligen Geistes, der uns in Beziehung zu Christus rückt und damit in das Heilsvolk und in die Heilsgeschichte hineinnimmt. So stehen wir vor der Heilsgeschichte in gleicher Weise wie vor dem Wort, das sie bezeugt mit Luther in der Aporie unserer Vernunft, angewiesen auf den Interpreten, den Heiligen Geist.

8. *Heilsgeschichte und Geist im Zeugnis der Schrift*

Schon im A.T. findet sich das Zeugnis vom Geist als der bewegenden Kraft der Heilsgeschichte. Er ist schon in der Gemeinde Alten Bundes gegenwärtig, an ihm versündigt sie sich[35], er wirkt in den Propheten[36], in den politischen Charismatikern[37], in dem verworfenen Messias, Saul[38] und dem ersten David[39] wie in der eschatologischen Heilsgemeinde[40] und in dem eschatologischen Messias[41], im letzteren in siebenfacher Allfülle[42]. In ihm hat Jesus selber das Geheimnis seiner Vollmacht gewußt und hat es seiner Gemeinde bezeugt[43]. In ihm hat sie das Geheimnis ihrer eigenen Zeugung erlebt[44], in ihm hat der Apostel die Wirksamkeit des Abrahamsegens und seine Übertragung auf die Heidenwelt aufgezeigt[45]. Seine Wirksamkeit konzentriert sich im Neuen Testament im Christus, wie der Christus die Verleiblichung des Wortes und die Krönung und Erfüllung der Heilsgeschichte ist. Geist, Wort und Geschichte erscheinen in *Ihm* in ihrem Zusammenhange. Der Geist zeugt und beruft den Christus, wirkt in seinem Wort und öffnet der Welt das Auge für den Christus, der Gemeinde seine Botschaft[46].

Jesus bezeugt die Blindheit des natürlichen Menschen für das Reich Gottes[47], die Verborgenheit des fleischgewordenen Wortes für

---

[35] Hag. 2, 5; Jes. 63, 11.10; Ps. 51, 13.
[36] Gen. 41, 38; Num. 24, 2; 1 Sam. 10, 6.10-13; 19, 20-24; 1 Reg. 22, 24; 2 Reg. 2, 9.15; Hos. 9, 7; Micha 3, 8; Joel 3, 1-2; Sach. 7, 12 (Neh. 9, 20-23; 2 Chr. 15, 1; 1 Petr. 1, 11; 2 Petr. 1, 21).
[37] Gen. 41, 38; Num. 11, 25; Jud. 6, 34; 11, 29; 13, 25; 14, 6-19; 15, 14; 1 Sam. 10, 6; 11, 6; 16, 14; 16, 13.
[38] 1 Sam. 10, 6; 11, 6; 16, 14.
[39] 1 Sam. 16, 13; 23, 2.
[40] Jes. 32, 15; Ez. 11, 19; 36, 26; 39, 29; 37, 1ff.; Jes. 44, 3; 4,4; Joel 3, 1-2; Sach. 12, 10.
[41] Jes. 11, 2; 42, 1 ff. (mit Greßmann auf den prophetischen Messias bezogen; H. Greßmann, Messias, 1929, 288 ff.); 61, 1 ff.; 48, 16 (mit Sellin auf den präexistenten Messias bezogen; E. Sellin, Mose, 1922, 104 ff.).
[42] Jes. 11, 2; Apok. 3, 1; 4, 5; 5, 6-7.
[43] Mark. 1, 10; Matth. 3, 16; Luk. 3, 22; Joh. 1, 32.33; Mark. 1, 8; Matth. 3, 11; Luk. 3, 16; 4, 18.
[44] Apg. 2, 1 ff.
[45] Gal. 3, 14.
[46] Joh. 4, 24; 2 Kor. 3, 17; Joh. 6, 63; Joh. 16, 8-11; 16, 13; 14, 24; 14, 16; Sach. 12, 10.
[47] Joh. 3, 3.

die Weisheit dieser Welt[48], Paulus die Ärgerlichkeit und Paradoxie der Botschaft vom Kreuz[49]. D.h. sie geht auch nicht in die Theologie des Paradoxes ein, sondern nur in den Glauben des Kindes. Hier wird ein verhängnisvoller Irrtum der dialektischen Theologie sichtbar, ein Grund für ihren langjährigen Krieg gegen das Handeln des Christus in Unmittelbarkeit in der Erweckung.

Was bis jetzt in der Negation gesagt wurde, wird als Position in dem großen Lobpreis des Apostels auf das unerforschliche Geheimnis Gottes, das im Christus offenbart ist, entfaltet: „...Wir reden Gottes Weisheit im Geheimnis, die verborgen ist ... wie geschrieben steht, was kein Auge sah und kein Ohr hörte und in das Herz keines Menschen kam, was Gott denen bereitet hat, die ihn lieben"[50]. Der Apostel zeigt die Verborgenheit, in der diese Offenbarung das Geheimnis Gottes für die hybride Ratio des emanzipierten Menschen beläßt und in dem Belieben und der Vollmacht des Heiligen Geistes den einzigen Schlüssel zu diesem Geheimnis: „Uns aber hat es Gott offenbart durch den Geist. Denn der Geist erforscht alle Dinge, auch die Tiefen der Gottheit. Denn wer unter den Menschen weiß, was im Menschen ist, außer der Geist des Menschen, der in ihm ist? In gleicher Weise hat auch keiner erkannt, was in Gott ist (oder: was Gott angehört), außer der Geist Gottes. Wir aber haben nicht den Geist der Welt empfangen, sondern den Geist, der aus Gott ist, damit wir erkennen, was uns von Gott geschenkt worden ist. Davon reden wir auch nicht in Worten, die von menschlicher Weisheit gelehrt sind, sondern in solchen, die vom Geist gelehrt sind, indem wir Geistliches mit Geistlichem deuten (oder: indem wir Geistesmenschen Geistesoffenbarungen deuten). Der natürliche Mensch aber nimmt nicht auf, was dem Geiste Gottes angehört, denn es ist ihm eine Torheit und er kann es nicht erkennen, denn es wird auf geistliche Art (oder: im Geist) erforscht. Der, den der Geist leitet, erforscht alles; er selber wird aber von niemandem erforscht. Denn wer hat des Herrn Sinn erkannt? ... Wir aber haben den Sinn Christi"[51]. Daher erbittet der

---

[48]   Matth. 11, 25-27.
[49]   1 Kor. 1, 18-23
[50]   1 Kor. 2,9
[51]   1 Kor. 2, 10-16.

Apostel der Gemeinde die Erleuchtung der Augen des Herzens durch
den Geist der Offenbarung[52].

9. Die Konsequenzen für die Auslegung

Unter der Wucht dieser Aussagen dürfte es nicht möglich sein, sich
mit der Sache der Theologie zu befassen, ohne sich über die Bedeutung des Geistes für den Ansatz aller theologischen Arbeit Klarheit
zu verschaffen.

So gewiß der Geist an der Majestät Gottes teilhat, sich vom Menschen nicht in den Griff bekommen läßt, sondern weht, wo er will,
ist mit seiner Bedeutung als Interpret der Schrift – kein neues hermeneutisches Prinzip mit neuen Auslegungsmethoden gegeben. Es ist
vielmehr jedem heuristischen Prinzip als einer Möglichkeit, sich vom
Menschen her der Schrift zu bemächtigen, das Urteil gesprochen,
jede Methode entverabsolutiert und in die Dienerrolle an je ihrem
Ort verwiesen, der autonome Mensch selbst aus seiner Interpreten-
rolle entthront und die Unmöglichkeit erwiesen, vom Menschen her
Gleichzeitigkeit und Kongenialität in mehr als äußerlichstem Sinne
mit den Urkunden und Zeugen der Offenbarung zu gewinnen, d.h.
den eigentlichen Graben, der den Ausleger vom Auslegungsobjekte
trennt, zu überbrücken.

Das bedeutet nicht, daß zur philologischen, literarkritischen, reli-
gionsvergleichenden, historischen und überlieferungsgeschichtlichen
Befragung der Texte zusätzlich ein neuer Forschungs- oder Erkenntnisgang hinzuzutreten habe, eine weitere Befragung auf einen, einer
tieferen Dimension angehörigen Sinn folgen solle. Es bedeutet vielmehr, daß die Befragung mit den genannten Methoden schon auf
einer anderen tieferen Ebene zu beginnen habe. *An ihren Anfang hat
die Beugung unter das Gericht zu treten, das am Kreuz auch über
unsere forschende Erkenntnis ergangen ist und die Auslieferung
derselben an die Leitung des Geistes unter den Gehorsam Christi.*

Es ist zwar richtig, daß auch diese Beugung und Auslieferung außerhalb des Bereiches menschlichen Bemühens und Vermögens liegt.
Aber theologische Arbeit vermag nur theologische Arbeit zu bleiben,

---

[52] Eph. 1, 17.18.

wenn sie in diesem über menschliches Vermögen hinausreichenden Bereich sich vollzieht, und beides, Beugung und Auslieferung, *wird zur Möglichkeit und Realität* da, wo Existenz und Arbeit des Theologen *in die Dimension rücken*, die der Apostel *en christo* nennt, d.h. im Herrschaftsbereich des Geistes. Theologische Arbeit – das ist die Konsequenz – ist nicht in Abseitigkeit möglich, sondern nur als ein Teil der leitourgia[53].

Wo im Vertrauen auf den Geist und im Gehorsam gegen ihn Unterwerfung unter die Unverfügbarkeit des Wortes und Übergabe des Verstandes aus der Autonomie in die Theonomie stattfindet, ja, überhaupt nur ihre Notwendigkeit anerkannt wird, da kann es nicht ausbleiben, daß die Befragung und Deutung der Texte und die Anwendung der wissenschaftlichen Methoden ein neues Gesicht gewinnen. Das gilt von der Weise wie die Probleme sich stellen, wie argumentiert und geschlossen wird, ebenso wie vom Standort der Haltung und Existenz des Forschers.

10. Der Wandel in der Problemstellung

Schon bei der Eruierung der ursprünglichen Gestalt des Textes durch Vergleichung und Wägung der Handschriften oder durch Konjizierung fangen Entscheidungen an, die nicht von Glaubensentscheidungen zu trennen sind. Solche Entscheidungen begleiten die philologische Ermittlung der Bedeutung der Vokabeln, die weder lexikalisch oder begriffsgeschichtlich allein, sondern letztlich aus dem Zusammenhang an je ihrem besonderen Ort erfolgen muß. Es ist bekannt, wie bei der Erfassung des gedanklichen Zusammenhanges theologische Vorentscheidungen, bei der Abgrenzung der Einheiten analytischer oder ganzheitlicher Blick den Forscher bestimmen, während er meint, dem reinen Gesetz der Grammatik, der Logik, der Wahrscheinlichkeit und der Analogie zu folgen.

Vom Standort innerhalb des Heilsgeschehens, wie ihn der Geist gibt, stellt sich das Problem der inhaltlichen Unebenheiten und Spannungen neu mit der Unterscheidung zwischen logischem Widerspruch und theologischer Polarität. Das Wunder, das im profanen Raum Merkmal der dichtenden Legende war, wird im Raum der

---

[53] Vgl. dazu den oben zitierten Satz von O. Procksch „überall wo Exegese getrieben wird, da sollte sie pneumatisch sein" (a.a.O., 158).

Wunder

Heilsgeschichte zur nota des Handelns Gottes im historischen Geschehen. Wo durch den Geist der Zugang zum „gotteslästerlichen"
Wunder der Aufhebung von Schuld durch Jesus geschenkt und sein
Grund im Wunder der Sühne am Kreuz erkannt wird, da wird auch
die Majestät Gottes in ihrer Majestät neu gesehen, jedes Wunder
wird gegen dieses Eine gering und möglich. Es ergeben sich neue
Maßstäbe für historisch möglich und unmöglich. In der neuen Dimension des Glaubens erschließt sich ein neues Verstehen der han-
delnden Personen in ihren Motiven, der Massenbewegungen ebenso
wie der einsamen Großen und der in ihren Botschaften wirkenden
Ideen, und damit neue Maßstäbe für geschichtlich wahrscheinlich
und unwahrscheinlich. Es treten neue Wertungen der Kategorien
„original" und „Zusatz", „schriftstellerisches Genie" und „Redak-
torengeist" ein.

Die verstehende Rekonstruktion des einzelnen Hergangs wie der
Gesamtgeschichte nimmt notgedrungen eine andere Richtung als sie
unter Ausschaltung des irrationalen Momentes aus den Deutungs-
möglichkeiten wie aus dem Verstehensvorgang selber hatte. Ent-
scheidend neue Bahnen geht die Deutung der Analogie zwischen
Offenbarung und Religionsgeschichte, je nachdem, ob man vom
Standort außerhalb der Offenbarung aus, von der Religionsgeschichte her Offenbarung und Heilsgeschichte versteht – oder von dem
Standort innerhalb der Heilsgeschichte, von der Offenbarung her die
Religionsgeschichte und die sie in der Tiefe bestimmende Sehnsucht
und Ahnung sieht. Das eine Mal mißversteht man die biblischen
Texte und Geschichten animistisch, magisch, erotisch, human, idea-
listisch usw. Die Offenbarung verfällt mit der Religionsgeschichte
der Inflation ihres Wirklichkeits- und Geschichtsgehaltes. Das andere Mal wird die tiefe Unterschiedenheit, die dort und hier waltet,
zugleich aber auch die gegenseitige Offenheit der Offenbarung und
der heidnischen Ahnung für einander sichtbar, der Erfüllungscharak-
ter der ersteren gegenüber der letzteren. Der wirre und geschichtslose
Mythos erhält von der geschichtlichen Offenbarung her Wirklich-
keitsgehalt. Aage Bentzens Behauptung einer gegenseitigen Bestätigung der Religionsphänomenologie einer- und der Glaubensinterpre-
tation im N.T. andererseits in Bezug auf das Verhältnis von Mythos
und Offenbarung, – und seine Forderung an die systematische
Theologie, sowohl die Kritik der antikanaanäischen Reaktion (des
Prophetismus), als die positive Stellung der mythologischen Renais-

sance im Spätjudentum und in der Verkündigung Jesu und der alten
Kirche zu hören, rückt in ein neues Licht und bekommt auf einer
anderen Ebene ihre Gültigkeit[54].

Das Begreifen der Heilsgeschichte läßt die einzelnen Texte in ihrem Zusammenhang mit ihrer Mitte nicht in den menschlichen Institutionen, sondern im Gottesbunde, der diese Institutionen bestimmt,
nicht in ihrem soziologischen Bezuge, sondern in ihrer Bestimmtheit
durch Gottes Handeln, sehen. Von hier stellt sich das Problem der
religionsgeschichtlichen Analogie wiederum neu. Äusserliche Gleichheit der Phänomene im Raum der Religionsgeschichte und dem der
Heilsgeschichte läßt wesenhafte Unterschiedenheit zu. Zugehörigkeit
zur Gattung und Sitz im Leben erscheinen nicht mehr als Schlüssel
zum Inhalt, sondern nur zum Verständnis der formalen Seite und
soziologischen Bezogenheit der Texte.

Im Lichte der Einheit von Wort, Geist und Heilsgeschichte findet
das Problem „Glauben und Geschichte", „verbindliches Kerygma
und unverbindliche Historie" neue Beleuchtung. Die in besonderer
Weise beim Deuteronomiker und im johanneischen Schrifttum her-
vortretende Gegenwärtigkeit der vergangenen Geschichte, ebenso
wie ihre Vergegenwärtigung im alttestamentlichen Kultus, die Irrele-
vanz des Kerygmas ohne geschichtlichen Bezug und die Relevanz der
Geschichte, die das Kerygma in Bewegung setzt, kommen neu in den
Blick. Auch das Problem: Historisches Faktum oder Schöpfung des
Gemeindeglaubens, objektive Geschichte oder Ausdruck subjektiver
Erfahrungen – rückt auf eine andere Ebene, indem für Glaube als
menschlichen Bezug, – Prophetie als Geistbestimmtheit eintritt.
Wenn der Charakter des A.T. als in die Gegenwart (Propheten), in
die Zukunft (Apokalyptik) und in die Vergangenheit (Sage und Ge-
schichte) gerichtete Prophetie erkannt wird, – deren Schauungen in
die Vergangenheit die gleiche Realität eignet wie ihrem Blick in die
Gegenwart, – gewinnt auch die historisch nicht mehr verifizierbare
Sage neue historische Bedeutung. Prophetie ist in der Auflichtung
von Mythos und Sage mit demselben Wirklichkeitssinn und Wahr-
heitsrealismus am Werk wie in der Entlarvung der Gegenwart. Die

---

[54] A. Bentzen, Messias, Mose redivivus, Menschensohn, 1949, 79, vgl. S. 78.76.75;
E. Stauffer, Christus und die Cäsaren, 1948, 11 ff. 24 ff. 22 ff.; H.Frey, Das Wort
ward Fleisch, 1952, 57-64.

Einheit von Wahrheit und Wirklichkeit im alttestamentlichen ᵃmät-
Begriff hat hier ihre Konsequenzen.

Vor allem aber stellt sich vom Geist der Wahrheit aus vor dem
Forum des Jüngsten Gerichtes in überraschender Weise neu die Frage nach dem Realitätsanspruch der Hypothesen und der auf diesen
Hypothesen aufgebauten Rekonstruktionen des Heilsgeschehens und
seines Überlieferungsvorgangs. Wir erschrecken – notgedrungen auf
Hypothesen angewiesen – über die Schnelligkeit, mit der wir verges-
sen, was Arbeitshypothese war und was sich „gesichertes Ergebnis"
nennen darf. Es stellt sich die Frage, wie weit Verschwommenheit
der Begriffe uns zu Unredlichkeit versucht – so wenn wir Faktizität
und Verifizierbarkeit verwechseln, zwar Geschichte und Historie
unterscheiden, aber bei der Aberkennung von Historizität und Zuer-
kennung von Geschichtlichkeit heimlich auch schon die Frage nach
der Faktizität im negativen Sinne entscheiden, uns mit der Uninteres-
siertheit des Glaubens an den bruta facta trösten und dabei Fakten
im Rahmen der gottgelösten Menschlichkeit mit den Fakten der
Offenbarungsgeschichte heimlich wieder in einen Topf werfen, als
ob das Credo des Alten und Neuen Testamentes und der Deuteronomiker nicht klar genug die Relevanz solcher Fakten für den Glauben bezeugt hätten. Oder wir tasten hoffnungslos zwischen der Un-
aufgebbarkeit solcher Fakten für den Glauben und ihrer angeblichen
Nicht-Gegebenheit hin und her. In dem Wissen um die Einheit von
Wort, Geist und Geschichte im Glauben rückt auch diese Frage in
neues Licht.

Am tiefsten wirkt sich das reformatorische Inspirationsverständnis
auf die Problematik der christologischen Auslegung aus. Sie rückt
aus der anorganischen Stellung eines Additums zum ursprünglichen,
wörtlichen und geschichtlichen Sinn der Schrift heraus. Ist im Geist,
der vom Vater und dem Sohne ausgeht, der Urheber der Offenbarung, die bewegende Kraft der Heilsgeschichte und die Stimme, die
im Worte redet, gefunden, so stehen wir in der ganzen Schrift vor
dem Christus präsens. Vom Geheimnis der Erwählung Israels her
wird Jesu Sohnesstellung und sein Gottesknechtsberuf als Inhalt, sein
Opfertod und sein Ostersieg als Sinn der ganzen Heilsgeschichte
offenbar, – und zwar nicht im Sinne einer nachträglichen Rücktra-
gung vom NT her, sondern als in der Geschichte ursprünglich ange-
legte Verwirklichung, Erfüllung und Vollendung des Gottesplanes
mit Israel, seines Gottesknechtsberufes und seiner Sohnschaft.

Typologie verwandelt sich aus einer mirakulösen Angelegenheit ohne inneren Zusammenhang mit der alttestamentlichen Geschichte oder aus dem Prokrustesbett eines den Schriftsinn vergewaltigenden Prinzips oder aus einem bloß formalen Entsprechungsverhältnis von Anfang, Verzögerung und zukünftiger Erfüllung (das nicht nur auf das A.T. und N.T., sondern auch auf die marxistische Lehre zuträfe) – in ein inhaltlich gefülltes, dem Ursinn des Wortes inhärierendes, in innerem Zusammenhang mit dem Geschichtsplan Gottes zu sehendes Lebenswunder. Johannes gibt diesem Wunder seine Deutung im Zeugnis vom uranfänglichen Logos[55], Paulus in dem im Alten Bunde schon mit Israel mitwandernden Fels und Quell[56]. Jesus bezeugt zugleich mit seiner Präexistenz – Abrahams Konfrontierung mit ihm in der Verheißung[57].

Nachdem das Angesicht des im A.T. noch verhüllt redenden Gottes in Jesus enthüllt, und durch den Geist die Beziehung zu Jesus möglich geworden ist, ist es nicht mehr möglich, das A.T. in Absehung von Jesus zu lesen, in dem Gott, der mit den Vätern und Israel handelte, einen andern als den Vater Jesu Christi zu sehen, seine Gemeinschaft stiftende Gnadenzusage abseits vom Christus präsens zu hören, seinen Geschichts- und Heilsplan gelöst vom Kreuze Christi zu verstehen. Das wäre Vergewaltigung der Schrift von einem modernen Geschichtsverständnis außerhalb der Heilsgeschichte her. Das wäre eigensinniges Beharren auf dem Verständnis der Linienführung und des Zweckes der Knospenblätter in Absehung von der Blüte, die sich inzwischen entfaltete, oder auf der Deutung von Briefen in Absehung von der inzwischen stattgefundenen Begegnung und Aussprache mit dem Schreiber.

Ist diese Überlegung richtig, so hat sie Konsequenzen für die Auslegung, z.B. für die Entscheidung, ob wir Erzählungen wie die vom Überfall Gottes auf Mose[58] und auf Jakob[59] oder von der Vertreibung Adams aus dem Paradiese und ihrer Motivierung[60] – von der Religionsgeschichte, von der Lüsternheit des Dämons, vom Götter-

[55] Joh. 1, 1 ff.
[56] 1 Kor. 10, 1 ff.
[57] Joh. 8, 56-59.
[58] Ex. 4, 24-26.
[59] Gen. 32, 25-33.
[60] Gen. 3, 22.

neid, bzw. von einem vorchristlichen Gottesbegriff her verstehen oder aus dem Heilswillen des Vaters Jesu Christi, von Jesus her gemäß dem Wort „wer mich sieht, der sieht den Vater"[61]. Das Wort bedeutet dann doch wohl: wer Jesus sieht, der sieht den Gott, der Mose nachts in der Herberge überfiel.

Es ist grundsätzlich nicht mehr möglich, die Schrecken der Sinaitheophanie und die Gerichtsworte des Amos – bei aller Klarheit darüber, daß Mose und Amos vom Kreuz noch nicht wußten – gelöst vom Gericht zu sehen, das sich am Kreuz vollzogen hat und dessen andere Seite die sühnende Gnade ist. Von hier erschließt sich ein neues Verständnis der ungelösten Spannung zwischen Heils- und Gerichtsworten des gleichen Propheten, zwischen der Fürbitte eines Amos und seiner Predigt vom unabwendbaren Gericht, der Solidarität eines Hosea mit seinem Volk und dem Gegensatz des Gerichtspredigers zu ihm.

Bei dem Versuch, das christologische Problem im A.T. rational aufzuhellen, gilt aber in übertragenem Sinn die Mahnung: „Rühre mich nicht an, denn ich bin noch nicht aufgefahren zu meinem Vater ..."[62], die der Herr der Maria aus einer geheimnisvollen Zwischensituation der Vorläufigkeit gab. So sind die obigen Aussagen nur zur Not gemacht und wollen nicht zu weit gegangen sein.

Dem Wissen um den Zusammenhang des Wortes und der Heilsgeschichte mit dem *Pneuma* stellt sich auch das Problem der Einheit in den Testamenten in neuer Schlichtheit dar in der Kontinuität des Heilsgeschehens im Christus und der Einheit des Geistes im Chor der Zeugen, die es bezeugen. Umgekehrt tritt im Wissen um den Zusammenhang des Wortes und des Geistes mit der Heils*geschichte* – der Unterschied der Testamente aus ihrer Nivellierung zu einem Glaubensgesetz auf gleicher Ebene heraus. Der Gestaltwandel der Gottesherrschaft von der volkhaft beschränkten, gewalthaften, gloriosen zur universalen, gewaltlosen, niedrigen Weise ihrer Durchsetzung tritt zugleich mit der Erfassung des Wandels im Verhältnis Gottes zur Welt in seinem Kreuz und seiner Kenosis ins Licht. Der Kanon in seiner Einheit und Differenziertheit kann nur aus dem Zusammenhalt von Wort, Geist und Geschichte im Christus verstanden werden.

---

[61] Joh. 14, 9.
[62] Joh. 20, 17.

Die Probleme der sachlichen Forschung ebenso wie der grundsätzlichen Verarbeitung und Einordnung ihrer Ergebnisse – von denen in bunter unsystematischer Reihung hier einige genannt wurden – gewinnen vom Ansatz her neue Ausrichtung – nicht neu, sofern der andere Ansatz im Geheimen schon vielfach auch dort zum Ausgangspunkt genommen wurde, wo man grundsätzlich noch dem Wissenschaftsbegriff des Aufklärungsdenkens zustimmte.

11. *Wandel im Standort des Schriftforschers*

Wie die Problemstellung, so wandelt sich auch Standort, Haltung und Existenz des Forschers mit dem reformatorischen Verständnis von Wort, Geist und Geschichte. Oder muß es nicht für unsere Haltung der Schrift gegenüber grundlegende Konsequenzen nach sich ziehen, wenn wir erkennen, daß unser, wie auch immer geartetes, Erkenntnisvermögen ihr gegenüber blind ist, daß wir auf ihre Erschließung durch einen „Majestätsakt" von drüben her angewiesen sind, daß aber auch *ein Lehrer vorhanden ist,* dessen Lebensberuf es ist, seiner Gemeinde die Schrift zu öffnen und sie in das Verständnis des Herrn und sein Heilswerk einzuführen; vollends wenn wir gewahren, daß dieser Lehrer nicht ein hermeneutisches Prinzip, eine verfügbare Methode, eine Schlüsselidee, in keiner Weise unser Diener, sondern unser Herr ist, den wir nicht in unsere Gewalt bekommen können, der uns aber unter seine Führung nehmen möchte, jedoch unsere Auslieferung an ihn verlangt – ja, daß in diesem Lehrer der Herr selbst uns gegenwärtig wird.

Unsere Arbeit an der Schrift nicht nur, sondern auch unsere Existenz als Theologen bekommt eine neue Ausrichtung, wenn wir erwägen, *dass dieser Lehrer, der Geist* – weht, wo er will, *aber uns gesagt hat, wo er* – vorbehaltlich der Freiheit seines Gnadenrates – gerne wohnen und *wehen will:* nämlich in seiner *Gemeinde*[63], bei seinen Kindern, die zu ihm *schreien*[64], bei denen, die ihn *lieben* und seine *Gebote halten*[65]. D.h. seine Gemeinde, die Gemeinschaft seiner Kinder, das Gebet und den Gehorsam hat er sich zu Stätten seiner Gegenwart und seines Redens ausgesucht. Dem Schriftgelehrten

---

63 Matth. 18, 20; Eph. 4, 4.15-16.
64 Luk. 11, 13; Apg. 4, 31.
65 Joh. 14, 23.

Nikodemus, den er der Blindheit des Nicht-Wiedergeborenen und der Unverfügbarkeit des neugebärenden Geistes überführt hat, zeigt Jesus *den Platz unter dem Kreuz als die Stelle,* an der der Geist sein erneuerndes, *das Auge öffnende* Werk auch am Schriftgelehrten tut, die *Einbruchsstelle* der neuen in die alte Welt, gleich dem Ort der Heilung für die Sterbenden vor der ehernen Schlange Moses[66].

Daraus ergibt sich die völlige Ohnmacht und Unzulänglichkeit unserer Ratio und Intuition, das Ende unserer menschlichen Möglichkeiten, aber auch der *unendliche Reichtum an Möglichkeiten für die ausgelieferte Ratio* und *Intuition* und für ihren aktiven Einsatz im Vertrauen auf den Parakleten, von dem Standort aus, an den er uns bestellt hat und an dem er sich uns stellt wie den Alten im *'ōhäl mô'ēd* über der *kappōrät*[67], in der Gemeinde unter dem Kreuz.

Negativ lassen sich die Konsequenzen des Gesagten in einige praktische Sätze zusammenfassen: Solange wir in unserm eigenen Leben noch nicht mit dem Herrn selber, d.h. mit seinem Heiligen Geist zu tun haben, nicht im unmittelbaren Umgang mit dem Christus präsens stehen – sind wir noch nicht zur Auslegung der Schrift berufen. Oder wenn wir zwar mit seinem Geist in Berührung gerieten und er in unser Gewissen und Bewußtsein eintrat, wir ihm aber vorsätzlich den Gehorsam in unserm Leben verweigern, auch nur in einer Sünde, der er uns überführte, vorsätzlich verharren – können wir auch die Schrift nicht legitim auslegen.

Wenn wir noch nicht in die Gemeinde Gottes und die Gemeinschaft seiner Kinder hineingewachsen sind oder gerufen wurden oder wenn wir gar mit ihr zerfallen sind, bzw. aus andern Gründen die Fühlung mit ihr verachten oder nicht suchen, so können wir nicht darauf rechnen, die Schrift richtig zu verstehen.

Das bedeutet auch, wenn unsere Erkenntnisse von denjenigen der Lehrer, die vor uns lehrten und das Zeugnis der Gemeinde haben, oder von den Bekenntnissen, in denen die Kirche ihre Erfahrung und ihr Schriftverständnis niederlegte, grundsätzlich abweichen, dann sollten wir sehr mißtrauisch gegen unsere Erkenntnisse sein und sie an der Schrift und an den Bekenntnissen prüfen. Denn der Herr gibt seinen Geist *der Gemeinde.*

---

[66] Joh. 3, 9.14.15.
[67] Ex. 25, 22, vgl. 33, 7 ff.; Röm. 3, 25.

Vor allem: solange wir die Bibel nur wissenschaftlich als Objekt der Forschung und noch nicht unmittelbar als Gottes täglichen Zuspruch in unser Leben lesen und hören können, sollten wir uns vom Amt des Schriftauslegers fernhalten. Es gilt hier die Warnung an Mose, der sich in säcularer Wissbegier, statt in der Anbetung dem theophor gewordenen Wüstengewächs nahen wollte: „Tritt nicht herzu! – ziehe deine Schuhe aus, denn ...“

Endlich, solange wir etwas Originelles entdecken oder hinstellen wollen, was uns selbst einen Namen macht, stehen wir dem göttlichen Interpreten und damit dem eigenen Verständnis und der Auslegung der Schrift im Wege.

Positiv ausgedrückt heißt das: Zur Auslegung der Schrift muß man berufen werden. Nicht nur Ausgangspunkt, sondern auch fortlaufend tragende Grundlage der Auslegung muß das Gebet um den Heiligen Geist, um den Gehorsam gegen die geschenkte Erkenntnis im eigenen Leben sein. Schriftauslegung kann nicht neben dem eigenen Leben hergehen, sondern will in die eigene Existenz hineingenommen sein.

Wer auslegt, muß warten können, bis der Heilige Geist zeigt, zuhören können, wenn er redet. Auslegung bedarf der Stille, der Stunden, Wochen, Monate und, wenn es sein soll, Jahre des Lauschens. Welch ein Gericht über die theologische Arbeit unserer rastlosen Zeit!

Weiter heißt das: Um Ausleger zu bleiben, bedarf es der Gemeinschaft mit der Gemeinde und der Bruderschaft, in die man hineingestellt ist, in der Querverbindung. Es bedarf aber auch der Fühlung mit der Gemeinde der beglaubigten Ausleger der Vergangenheit, ob sie nun Schlatter, Delitzsch, Bezzel, Bengel, Calvin, Luther oder sonst wie heißen, in der Längsverbindung.

Vor allem aber in der Konsequenz des eben Gesagten und gleichzeitig in grundsätzlicher Abgehobenheit davon muß gesagt werden: um den Sinn eines Geschehens, die Botschaft eines Teiles der Schrift in den Blick zu bekommen, bedarf es des Hineinhörens in den Chor der Zeugen, nicht nur der alttestamentlichen, sondern auch der neutestamentlichen, in denen der Geist redet. Karl Barth drückt es so aus: „Eine Auslegung ist in dem Maß vertrauenswürdig, als sie nicht nur den gerade vorliegenden Text, sondern mindestens implizit auch alle anderen Texte auslegt, in dem Maß, als sie mindestens den Ausblick auf die Auslegung auch aller andern Texte eröffnet"[68]. Nur muß um die aufsteigende Gefahr eines flächenhaften Schriftverständnisses und einer Auslegung von Paragraphen durch Paragraphen zu bannen, hier stärker der Kontakt mit dem Chor der Zeugen und dem Interpreten, der durch sie spricht, betont werden, um auch das Besondere im Zeugnis dieses Wortes nicht aus dem Blick zu verlieren.

Um bei der Auslegung unter der Führung des Geistes zu bleiben, gilt es, sich darunter zu beugen und zugleich für das Geschenk zu danken, daß wir mit der Verweisung an den Geist nicht einer unkontrollierbaren inneren Erleuchtung ausgeliefert, an eine letztlich nur in der Subjektivität erfahrbare Leitung verwiesen sind, sondern an objektives schriftlich fixiertes Zeugnis, das in einem abgegrenzten Buch, dem Kanon, zusammengefaßt ist. So bedarf es, um einen Text in seinem Zusammenhang mit dem Ganzen wie mit seiner besonderen Botschaft an seinem besonderen Ort zu verstehen, des Lauschens in den Kanon.

Es braucht wohl nicht mehr gesagt zu werden, daß das Wissen um die *verbale*[69] Inspiration der Schrift und um die *Geschichte* des Heils uns in die philologische, historische, religionsgeschichtliche und traditionsgeschichtliche Arbeit in dem dem Bibelleser oder Forscher zugänglichen Rahmen der Möglichkeiten hineintreibt, sofern der Geist nicht ein Geist der Magie, des Aberglaubens und der Mystik, sondern ein Geist der Klarheit, der seelsorgerlichen Einfühlung im Gebrauch bestimmter Sprachmittel und der Durchlichtung des Denkens ist, ein Geist nicht der zeitlosen Idee, sondern des geschichtlichen Zuspruchs, des Geschichte gewordenen Wortes.

---

[68] Vgl. K. Barth, a.a.O., 537. Dazu ebd.: „In allen diesen Fällen hat die Verkennung der *Einheit* der Schrift noch immer ihre Verkennung als *heilige* Schrift früher oder später nach sich gezogen und nach sich ziehen müssen; denn schon mit solch eigenmächtiger Bevorzugung hat man auch die jeweils bevorzugten Stücke schon nicht mehr als heilige Schrift gelesen ...; wo bei der Auslegung der Schrift auch nur etwas übersehen wird, was eben auch geschrieben steht, wo man genötigt ist, zur Durchführung seiner Auslegung auch nur etwas, was auch geschrieben steht, abzuschwächen oder gar fallen zu lassen, da droht die Möglichkeit, daß die Auslegung das Eine, von dem die Schrift in ihrer Ganzheit zeugt, auch da, wo sie es gefunden zu haben meint, in Wirklichkeit verfehlt hat."

[69] „Verbal" nicht im landläufigen, sondern in dem von K. Barth bei Luther aufgezeigten Sinne.

Alles in Allem: Auslegung ist weder möglich aus der Zuschauer-mentalität des Historikers, noch aus der Individualität einer theolo-gischen Gelehrtenexistenz, sondern nur an dem Ort, an den der Geist sich gebunden hat zu wirken – unter dem Kreuz, im Empfang der Begnadigung und Rechtfertigung und in der Bewährung der Begnadigung und der Rechtfertigung im Kontakt mit der Gemeinde, im Existenzzusammenhang mit dem Leibe Jesu.

Mir scheint, daß dieser reformatorische Ansatz und der Ausgang von der Einheit von Wort, Geist und Geschichte am reinsten von Franz Delitzsch in dem Rahmen der seiner Zeit zur Verfügung ste-henden wissenschaftlichen Erkenntnis verwirklicht worden ist: in einer Auslegung, die ihren Standort innerhalb der Heilsgeschichte hat, in der Philologie atmet und aus der Christologie lebt. Wenn H. J. Kraus ihm bei allem Respekt vorwirft, Delitzsch habe oft nur spät und widerwillig den Fortschritt der literarkritischen Erkenntnisse mitgemacht, so darf an ein Lebensgesetz erinnert werden, das Franz Delitzsch aufgewiesen hat: daß nämlich alles selbstwüchsige Leben, das in der Immanenz sein Ziel hat, sich schneller und herrlicher ent-faltet als das theonome, das in einer andern Welt seine Vollendung findet. Das gilt auch von einer autonomen Arbeit an der Schrift, – ob zu Nutz oder Schaden der Auslegung braucht nach dem Gesagten nicht erst hervorgestellt zu werden. Die Krise der heutigen Theologie und Kirche bestätigt es. Daß Gott in seiner Barmherzigkeit auch das Vorpreschen der menschlichen Hybris in falscher Richtung in Segen umbiegen kann, steht auf einem andern Blatt. Delitzsch hat selbst den tiefen, schon bei den Reformatoren aufgebrochenen Graben zwischen seiner und der von der Aufklärung herkommenden Theo-logie seiner Zeitgenossen in einem Vortrag aufgezeigt, der den Titel trägt: „Der tiefe Graben"[70]. In die Frontstellung von heute übertra-gen, behält er seine Gültigkeit.

---

[70] F. Delitzsch, Der tiefe Graben zwischen alter und moderner Theologie, 1888.

Hans-Jürgen Peters

Pneumatische Exegese –
Wie kann sie sinnvoll verstanden werden?

1. *Einleitung*

Sucht man in der gegenwärtigen hermeneutischen Diskussion nach einer Dunkelfolie, von der sich der eigene Ansatz wohltuend differenziert abhebt, so bietet sich – vor allem im innerevangelikalen Gespräch – der Begriff der „Pneumatischen Exegese" an. Es gibt so etwas wie einen common sense darüber, dass es sich bei der Pneumatischen Exegese um eine unangemessene und unbrauchbare Art der Auslegung handelt. Pneumatische Exegese wird in der Regel als negativ besetztes Schlagwort verwendet. Wer dagegen das Wort „Pneumatische Exegese" zustimmend in den Mund nimmt, macht sich verdächtig. Eine sachgemäße Diskussion um diese Fragen ist darum heute nicht leicht zu führen.

Erschwerend kommt hinzu, dass es gegenwärtig keinen exegetischen Ansatz gibt, der für sich selbst die Bezeichnung „Pneumatische Exegese" in Anspruch nimmt. Die „Abwehr" einer pneumatischen Exegese hat darum bisweilen den Charakter einer „Scheindiskussion", in der man immer wieder Phantom-Schlachten mit unsichtbaren Gegnern gewinnt. Zuletzt wurde der Begriff von HELLMUTH FREY in die Diskussion geworfen,[1] anknüpfend an HERBERT GIRGENSOHN und OTTO PROCKSCH. Es gibt natürlich Kreise, in denen die Anstöße von HELLMUTH FREY weiterwirken (Krelinger Vorstudium, SVEN FINDEISEN, ARMIN SIERSZYN, Pura-Seminarfreizeiten, Bodelschwingh-Studienhaus in Marburg). In diesen Kreisen würde man am ehesten vermuten, dass dort der Ansatz einer pneumatischen Exegese vertreten wird. Es ist jedoch auffällig, dass von keinem der erwähnten Personen oder Personenkreise das Stichwort

---

[1] HELLMUTH FREY. „Um den Ansatz theologischer Arbeit". In: Abraham, unser Vater – Juden und Christen im Gespräch über die Bibel. Festschrift für Otto Michel zum 60. Geburtstag. Hg. v. O. Betz u.a., Arbeiten zur Geschichte des Spätjudentums und Urchristentums 5. Leiden; Köln 1963, S. 153-180.
HELLMUTH FREY. Die Krise der Theologie: Historische Kritik und pneumatische Auslegung im Lichte der Krise. 2. Aufl. Wuppertal 1972.

Pneumatische Exegese in Anspruch genommen wird. Trotz der Aufnahme des Grundanliegens von H. FREY wurde zumindest der Begriff „Pneumatische Exegese" nie übernommen und fortgeführt – ein Umstand, der in der gegenwärtigen Diskussion um die Pneumatische Exegese kaum gewürdigt wird.

Von pneumatischer Exegese wird also in der gegenwärtigen Debatte nur in einem ablehnenden Sinn gesprochen. In einigen Veröffentlichungen findet sich dagegen die deutsche Übersetzung des griechischen Fachterminus: „Geistliche Schriftauslegung". Das Bemühen um eine „Geistliche Schriftauslegung" findet sich dabei nun aber nicht etwa nur in den Kreisen, die H. FREY in seinem Grundanliegen folgen.[2] Allerdings wird dieser Begriff unterschiedlich gefüllt. Es ist interessant, dass eine Geistliche Schriftauslegung auch von denen vertreten werden kann, die den Weg einer Pneumatischen Exegese explizit ablehnen.

Unter „Geistlicher Schriftauslegung" wird offenbar etwas anderes verstanden als unter „Pneumatischer Exegese". „Geistliche Schriftauslegung" scheint – bei ihren Befürwortern – für ein (angemessenes) geistliches Anliegen bei der Schriftauslegung zu stehen, „Pneumatische Exegese" steht – bei ihren Kritikern – eher für ein (unangemessenes) methodisches bzw. a-methodisches Programm. Eine solche scheinbar begriffliche Unterscheidung ließe sich natürlich systematisch-theologisch nicht konsequent durchhalten. Deshalb soll auf sie im Folgenden auch verzichtet werden. Dennoch ist es wichtig, die unterschiedlichen Konnotationen bei der Diskussion der beiden Begriffe wahrzunehmen. Unter Pneumatischer Exegese versteht man auf Seiten ihrer Kritiker am ehesten den Versuch, unter Berufung auf eine Eingebung durch den Heiligen Geist exegetische Aussagen zu machen, von denen man dann annimmt, dass sie von ihren Befürwortern wegen ihres pneumatischen Ursprungs für unangreifbar gehalten werden.[3] Pneumatische Exegese wäre dann so etwas wie ein

---

[2] So z.B. GERHARD MAIER. Heiliger Geist und Schriftauslegung. Wuppertal 1983. Der Sache nach findet sich das Anliegen einer „Geistlichen Schriftauslegung" unter dem Stichwort „Offenbarungspriorität" bei G. MAIER. Biblische Hermeneutik. 2. Aufl. Wuppertal; Zürich 1991, und bei HELGE STADELMANN. Grundlinien eines bibeltreuen Schriftverständnisses. 3. Aufl. Wuppertal 1996.

[3] Vgl. dazu RAINER RIESNER. „Sollen wir das Neue Testament unhistorischunkritisch auslegen?" In: Gotteswort im Menschenwort – Zum Verstehen und Auslegen der Bibel. Hg. v. Sven Grosse u. Johannes Walldorf. Porta-Studien 30.

durch unmittelbare Geist-Eingebung entstandenes Surrogat exegeti-
scher Arbeit, das in diesem Sinne natürlich äußerst fragwürdig wäre.
Wie kann unter diesen Umständen sinnvoll von „Pneumatischer
Exegese" gesprochen werden? Es spräche viel dafür, den Begriff
„Pneumatische Exegese" einfach als belastet und missverständlich
fallen zu lassen. Man würde sich dadurch obendrein aus einer höchst
angriffigen Schusslinie entfernen und sich nicht länger dem fragwür-
digen Verdacht aussetzen, auf gründliche sachgemäße Exegese verzichten zu wollen. Aber wäre damit der Sache gedient, die zur Diskussion steht? Ich denke: nein. Das wäre lediglich ein begrifflicher
Rückzug.

Ich möchte darum den umgekehrten Weg beschreiten und versu-
chen, das berechtigte Anliegen einer Pneumatischen Exegese bzw.
einer Geistlichen Schriftauslegung – beides benutze ich nun synonym
– darzulegen, wie es sich mir darstellt, auch wenn ich den Begriff
„Pneumatische Exegese" zur Bezeichnung meiner exegetischen Arbeit bisher nicht benutzt habe. Vielleicht wird sich der Begriff am
Ende auch dafür als untauglich erweisen, ein offenes Gespräch um
die Fragen zu führen, die es m. E. zu bedenken gilt. Es geht weder
um den Begriff noch um ein damit verbundenes Programm, sondern
um die Frage, wodurch eine geistlich bestimmte – und das heißt ja:
eine vom Heiligen Geist bestimmte – Schriftauslegung charakterisiert
ist. Die folgenden Ausführungen nehmen Impulse von H. FREY auf,
verstehen sich aber nicht als Interpretation der Schriften H. FREYS,
sondern bemühen sich um eine eigenständige Darstellung und Beurteilung.

Um bereits im Vorfeld typische Missverständnisse auszuräumen,
möchte ich zunächst einige Aspekte dessen nennen, was Pneumatische Exegese meiner Meinung nach *nicht* ist. In einem zweiten Teil
geht es um die Begründung und Entfaltung des Anliegens einer
Geistlichen Schriftauslegung. Im dritten Teil soll eine Verhältnisbestimmung von Göttlichem und Menschlichem in der Schrift versucht
werden.

Marburg: SMD, 1999. S. 22-41. Ders. „Wenn sich pneumatische Exegese beim
Geist widerspricht". In: Dein Wort ist die Wahrheit: Festschrift für Gerhard Maier – Beiträge zu einer schriftgemäßen Theologie. Wuppertal 1997, S. 113-132.

2. Was ist Pneumatische Exegese nicht?

a) Das Feld der exegetischen Arbeit ist im Bereich der theologischen Wissenschaft immer noch nachhaltig von der sog. historisch-kritischen Methode bestimmt. Fällt in der Diskussion um diese Methoden der Begriff „Pneumatische Exegese", so liegt die Vermutung nahe, als solle das Adjektiv „pneumatisch" an die Stelle des Doppel-Adjektivs „historisch-kritisch" treten. Das Hauptwort „Exegese" bzw. „Methode" würde dann durch das Adjektiv „pneumatisch" näher qualifiziert werden. Es entsteht dann der Eindruck, als handele es sich bei der Pneumatischen Exegese um den Versuch, *eine andere* „wissenschaftliche" oder quasi-wissenschaftliche *Methode* an Stelle der historisch-kritischen zu setzen.

Wird der Terminus „Pneumatische Exegese" allerdings so verstanden, entsteht die berechtigte Frage, inwiefern das *pneuma* bzw. das Pneumatische methodisch greifbar und handhabbar sei. Man fragt dann zu Recht: Soll hier der Versuch gemacht werden, den Heiligen Geist methodisch einzubringen, zu kontrollieren und zu sichern? Ist eine Methode denkbar, die dafür garantiert, dass am Ende ihres Weges das Wirken des Heiligen Geistes steht? Allein diese Fragen zu stellen, heißt bereits, sie negativ zu beantworten. Es widerspricht dem Wesen des Heiligen Geistes, methodisch operationalisiert zu werden. Das Wirken des Geistes ist eine freie Tat Gottes und nicht das Ergebnis methodischer Bemühungen.

Das Adjektiv „pneumatisch" in der Wortverbindung „Pneumatische Exegese" bezeichnet denn auch etwas anderes als das Adjektiv „historisch-kritisch" in der Wortverbindung „historisch-kritische Exegese". Wird das Zweite einfach durch das Erste ausgetauscht, kommt es notwendig zu Missverständnissen – auf derselben Ebene. „Historisch-kritisch" charakterisiert eher eine Methode oder Vorgehensweise; „pneumatisch" charakterisiert eher eine Haltung oder Grundbestimmung.[4]

---

[4] Die historisch-kritische Methode wäre durch die Beschreibung als bloßes handwerkliches Vorgehen jedoch deutlich unterbestimmt. Insofern auch hinter der historisch-kritischen Methode eine Grundhaltung und Elementarbestimmung in der Wahrnehmung der Texte steht, entstehen an dieser Stelle Reibeflächen und Spannungen gegenüber einer pneumatisch bestimmten Exegese. Es lässt sich von daher nicht mit einer inhaltlichen Differenzierung und sachlichen Aufteilung zwischen einer „pneumatischen" Grundhaltung auf der einen und einem „historisch-

Das Wort „pneumatisch" wird also ähnlich verwendet wie das Adjektiv „biblisch" in „Biblische Hermeneutik". Es geht um eine Grundbestimmung, um eine Vorentscheidung im Sinne einer hermeneutischen Prioritätenentscheidung.[5] Bei der Pneumatischen Exegese handelt es sich also nicht um die Bezeichnung eines methodischen Programms.

b) Die Bezeichnung „Pneumatische Exegese" enthält nicht einen *Autoritätsanspruch auf die bessere* oder allein gültige geistliche *Auslegung.* „Pneumatisch" ist somit kein exklusives Adjektiv im Sinne eines Anspruchs oder eines Ausschlusses. Der Ausleger, der um eine geistlich bestimmte Auslegung bemüht ist, erhebt kein Monopol auf Auslegungsergebnisse, denen nicht widersprochen werden dürfte. Auch eine pneumatische Auslegung ist Auslegung. D.h. der Ausleger kann irren – und die Auslegung muss überprüft werden und korrigierbar sein. Maßstab ist dabei nicht die behauptete oder tatsächliche Geistfülle des Auslegers oder des Kritikers der Auslegung, sondern der Text selber. Jede Auslegung muss sich am Text orientieren, den Sinn eines Textes zum Inhalt haben und sich am Text bewähren und sich daraufhin befragen lassen. Es gibt ohnehin keinen geistlichen Vorgang (sei es Auslegung, Predigt, Seelsorge oder Prophetie), der von vornherein jeder diakritischen Prüfung entzogen wäre.

c) Pneumatische Exegese ist nicht verbunden mit einer Theorie über das innere *Verhältnis von Wort* (Text) *und Geist.* Noch weniger ist an eine Vorordnung des Geistes vor das Wort Gottes in der Heiligen Schrift gedacht.[6] „Geistliche Schriftauslegung" geht nicht davon aus, dass zum äußeren Text der Heilige Geist (z.B. durch den Ausleger) erst hinzukommen müsse. Das wäre in der Tat Schwärmerei. Pneumatische Exegese geht vielmehr von der Voraussetzung aus, dass der Heilige Geist die Heilige Schrift bestimmt und durchweht. Sie möch-

---

kritischen" (neutralen) Handwerkszeug auf der anderen Seite arbeiten, wobei dann beide im Sinne einer notwendigen Ergänzung aufeinander bezogen werden könnten.

[5] Eine gewisse Strukturanalogie besteht zur Bezeichnung „feministische Exegese"; denn auch hier geht es nicht so sehr um eine bestimmte Methode, sondern eher um einen Ansatz, ein Vorurteil, um bestimmte Unterscheidungskriterien und erkenntnisleitende Interessen.

[6] Darin bestand z.B. der Vorwurf von OTTO RODENBERG an HELLMUTH FREY.

te – von da aus – auf Seiten des Auslegungsvorgangs der geistgewirk-
ten Wesensart des Wortes Gottes entsprechen.

Pneumatische Exegese erhebt darüber hinaus nicht die Forderung
nach *besonderen Geisterfahrungen* oder nach „*charismatischen*"
Praktiken wie z.b. zur Öffnung für den Heiligen Geist, Betonung der
Intuition o. ä. Auch für pneumatische Exegese besteht die Auslegung
in der Wahrnehmung des auszulegenden Textes und nicht in einem
Empfang text-externer Erkenntnisse.

d) Pneumatische Exegese möchte nicht einer *Reduzierung der Wahrnehmung* Vorschub leisten. Es soll weder die Vernunft ausgeschaltet
noch das Wissen um geschichtliche Hintergründe, Arbeitsmittel,
Arbeitsschritte, Sprachkenntnisse, Kommentare etc. diskreditiert
werden. Geistliche Schriftauslegung bedeutet nicht den Verzicht auf
bestimmte Erkenntnismöglichkeiten, die sich für das Verständnis
biblischer Texte bewährt haben. Im Gegenteil: die Vernunft ist in
einem geistlichen Zusammenhang als von Gott gegebene, vernehmende geistige Fähigkeit unter den Gehorsam Christi gestellt, für die
Schriftauslegung unabdingbar wichtig und durch nichts zu ersetzen.

3. Was ist Pneumatische Exegese?

3.1 Gleiches wird durch Gleiches erkannt

Für jede Erkenntnisweise gilt der Grundsatz: Gleiches wird nur
durch Gleiches erkannt. Das vernehmende Organ bzw. die vernehmende Haltung entsprechen dem Erkenntnisgegenstand so, dass sie
in der Lage sind, ihn wahrzunehmen. Mit den Ohren kann man
nicht sehen, weil sie nicht auf Lichtreize reagieren. Mit den Augen
kann man nicht hören, weil Schallwellen in ihnen keine Wahrnehmung auslösen. Vernünftiges kann nur mit der Vernunft wahrgenommen und Grammatik nur mit grammatikalischen Kenntnissen
beurteilt werden. Liebesbriefe müssen mit dem „Herzen" gelesen
werden, sonst versteht man sie nicht.

Gleiches wird nur durch Gleiches erkannt – diese Erkenntnis hat
sich in entsprechender Weise im Neuen Testament niedergeschlagen.
Im 1. Korintherbrief finden wir den Grundsatz formuliert: Der natürliche Mensch vernimmt nichts vom Geist Gottes – es muss geistlich beurteilt werden (1Kor 2,14). Wie kann dieser Einsicht bei der

Schriftauslegung entsprochen werden? Wo findet sie Platz in unserer exegetischen Arbeit? Oder kann und muss auf diese Voraussetzung unter wissenschaftlichen Gesichtspunkten geradezu verzichtet werden zugunsten einer allgemeinen Kommunikabilität und Überprüfbarkeit? Gibt es überhaupt so etwas wie ein spezifisch „geistliches Verstehen" im Gegensatz zu einem „natürlichen Verständnis"? – Viele Schreiber im Neuen Testament scheinen davon auszugehen – wir dagegen scheinen uns im wissenschaftlichen Betrieb davor zu scheuen, diese Unterscheidung vorzunehmen und aus ihr Konsequenzen zu ziehen. Wer es dennoch tut, macht sich verdächtig, „esoterische Exegese" zu betreiben, deren Ergebnisse nur Eingeweihten vermittelbar sind.

Können wir aber den Heiligen Geist um der Verständigung im akademischen Raum willen bei der Exegese zunächst beiseite lassen, wenn es gerade der Geist Gottes ist, der erst das wahre Verständnis ermöglicht? Würden wir damit nicht den entscheidenden Erkenntniszugang abschneiden?

Pneumatische Exegese möchte dem Charakter der Heiligen Schrift Rechnung tragen, der einen geistlichen Zugang erfordert. Es wird damit genau das als notwendige Voraussetzung an den Anfang gestellt, was im gegenwärtigen exegetischen Geschäft um des wissenschaftlichen Diskurses willen außen vor gelassen wird.

Selbst einem Profanhistoriker ist dieser Ansatz grundsätzlich durchaus nachvollziehbar, auch wenn er selber dazu eine andere Meinung haben sollte. HEINRICH DÖRRIE schrieb in einem Aufsatz „Zur Methodik antiker Exegese" einmal folgende nachdenkenswerte Sätze: Galt *„im stoischen Sinne ... zur Exegese legitimiert, wer sich des Logos bewußt ist, der in ihm selbst wirkt, und der in den verschlüsselten Aussagen Homers gesprochen hat"*, war *„im christlichen Sinne ... der zur Exegese berufen, den der Heilige Geist angerührt hat, und der darum die Schrift pneumatikoos auf eine mit dem Geist in Beziehung stehende Art und Weise zu erklären vermag"*[7]. Damit ist der innerbiblische und frühchristliche Ansatz für eine pneumatische Exegese zutreffend beschrieben.

---

[7]   HEINRICH DÖRRIE. „Zur Methodik antiker Exegese". ZNW 65, 1974, S. 121-138. Hier: S. 135f.

3.2 *Die Bibel – das vom Heiligen Geist inspirierte Wort Gottes*

Ob der Heilige Geist zum Verstehen biblischer Texte als notwendig erachtet wird, hängt natürlich davon ab, welches Verständnis von Heiliger Schrift dem Auslegungsvorgang zugrunde liegt. Pneumatische Exegese geht davon aus, dass es sich bei den Büchern der Heiligen Schrift um das Wort Gottes handelt, das als solches wahrgenommen und angenommen werden will.[8] Eine ins Einzelne gehende Begründung würde an dieser Stelle zu weit führen. Ich möchte aber auf die kirchliche Tradition verweisen, in der bis heute die Schriftlesungen im Gottesdienst mit den Worten eingeleitet werden: „Wir hören Gottes Wort, wie es geschrieben steht ..." Es handelt sich dabei nicht um eine liturgische Überhöhung, sondern um den liturgisch „geronnenen" Ausdruck des Selbstverständnisses christlichen Schriftgebrauchs. Es ist ein Glaubenssatz, der sich wissenschaftlich nicht begründen lässt[9], aber eben doch ein elementarer Glaubenssatz christlicher Theologie und Kirche, der für die Handhabung und das Verständnis der Bibel unverzichtbar ist. Der Glaube an das Reden Gottes in Jesus Christus durch die Heilige Schrift findet in dieser Formulierung seine sachgemäße Entsprechung: lex orandi – lex credendi. Insofern sie sachgemäß ist, muss sie auch die exegetische Arbeit als kirchliche Auslegung[10] bestimmen.

a) Das christliche Verständnis der Heiligen (!) Schrift als Wort Gottes macht sich an einigen zentralen Aussagen fest. 2. Petrus 1,21: *„Es ist noch nie eine Weissagung aus menschlichem Willen hervorgebracht worden, sondern getrieben von dem heiligen Geist haben Menschen im Namen Gottes geredet".* Auch wenn sich diese Aussage zunächst auf alttestamentliche Propheten bezieht, ist sie doch auch für die neutestamentlichen Schriften bedeutsam. Neben die

---

[8] Mit dieser Definition von „Pneumatischer Exegese" soll nicht gesagt werden, dass andere hermeneutische Ansätze dem Verständnis der Bibel als Wort Gottes widersprechen. Es geht hierbei nur um die Frage, in welcher Weise die exegetische Arbeit dieser Erkenntnis vom Ansatz her Rechnung trägt.

[9] Der Wissenschaft liegen im übrigen auch Glaubenssätze zugrunde, die sich ihrerseits nicht mehr begründen lassen, aber durchaus glaubwürdig sind: sog. Axiome.

[10] Das Adjektiv „kirchlich" wird hier in Analogie zu KARL BARTHS Formulierung „Kirchliche Dogmatik" gebraucht. „Kirchliche Auslegung" ist somit eine Auslegung, die dem Wesen der Kirche entspricht und ihrem Aufbau als Kirche Jesu Christi dient.

Worte der Thora und der Propheten wurden die Worte und Schriften der Apostel gestellt (2Petr 3,2) und in den Gottesdiensten der ersten Christenheit auch als heilige Schrift verlesen. Dem entspricht – so weit sich das aufgrund der Texte sagen lässt – das Selbstverständnis alttestamentlicher und neutestamentlicher Autoren. Es war nicht ihre Intention, menschliche Meinungen über Gotteserfahrungen oder religiöse Themen zu äußern, sondern sie haben, getrieben vom Geist Gottes, die Botschaft Gottes in ihrer Zeit verkündigt.

b) Auch die einschlägige Aussage im 2. Timotheusbrief ist sowohl auf die alttestamentlichen Schriften zu beziehen als auch auf das Schrift gewordene Evangelium im Neuen Testament: *„alle Schrift ist von Gott eingehaucht"* (2Tim 3,16: theopneustos), also inspiriert. Die Lehre von der Inspiration der biblischen Texte gehört zu den Grundlagen christlicher Schriftlehre, auch wenn das heute weithin in Vergessenheit geraten ist. Erst unter dem Einfluss der Aufklärung wurde die Lehre von der Verbalinspiration[11] als bestimmende Lehre im evangelischen Bereich aufgegeben. Alles scheinbar differenzierte Reden von Gottes Wort in der Heiligen Schrift führt dagegen zu einer Scheidung von Gottes Wort und Menschenwort in der Schrift und zur Einführung von außerbiblischen unterscheidenden Kriterien. Damit wäre die Einheit der Schrift als Wort Gottes aufgegeben.[12] Wo diese Einheit aufgegeben ist, kann Gottes Wort nicht mehr so vernommen werden, wie es vernommen werden möchte.[13]

---

[11] Trotz möglicher Missverständnisse im Hinblick auf eine mechanistische Diktattheorie ist m. E. an der „Verbalinspiration" festzuhalten, denn was sollte sonst – um mit KARL BARTH zu reden – anderes inspiriert sein als die verba? Will man den Begriff umgehen, so ließe sich auch von „Schriftinspiration" (2Tim 3,16) oder von „Ganzinspiration" (G. MAIER) reden.

[12] An der Einheit der Schrift als Gottes Wort hat auch MARTIN LUTHER festgehalten. Seine abwertenden Äußerungen z. B. über den Jakobusbrief haben nicht den Sinn, *innerhalb* der Schrift zu unterscheiden zwischen dem, was Christus treibt, und dem, was ihn nicht treibt. Denn was von den Aposteln in der Heiligen Schrift geschrieben ist, treibt Christus. LUTHER trug allerdings Bedenken, ob der Jakobusbrief die Schrift eines Apostels sei und folglich zur Heiligen Schrift gehört. Man kann sich deshalb nicht auf LUTHER berufen, wenn man *innerhalb* der Heiligen Schrift zwischen Gottes Wort und menschlicher Meinung unterscheiden möchte.

[13] Natürlich kann Gott auch darüber hinaus sein Wort zur Geltung bringen. Der Heilige Geist ist nicht an unsere Verstehensvoraussetzungen gebunden. Auch dem, der die Bibel unter einem anderen Vorzeichen liest und sie nicht als Gottes Wort

Inspiration ist im übrigen von der Sache her kein Vorgang, der auf die Heilige Schrift beschränkt wäre. Denn jeder Text hat einen Geist, ist also in einem wörtlichen Sinn des Wortes „inspiriert", wenn auch der terminus „Inspiration" in der christlichen Dogmatik dem Vorgang der Einhauchung mit göttlichem Geist vorbehalten bleiben sollte. Bei *jeder* Auslegung geht es darum, den „Geist eines Textes" zu verstehen, Zugang zu ihm zu bekommen und ihn den Hörern/Lesern nahe zu bringen. Ein Text von Rudi Dutschke ist verstanden, wenn man in seinen Worten den Geist der 68er Studentenbewegung spürt und ihn nicht etwa auf dem Hintergrund des Geistes der politischen Gleichgültigkeit der 90er Jahre liest. Das Besondere an der Heiligen Schrift ist nicht der Umstand, dass allein die biblischen Texte – im Gegensatz zu anderen – von Geist inspiriert sind. Das Besondere an der Heiligen Schrift ist, dass wir in der christlichen Theologie von ihr allein sagen, dass sie von *göttlichem* Geist inspiriert ist.[14]

In der Schriftauslegung entspricht der Lehre von der Inspiration, dass man in den biblischen Texten nicht primär den Geist des Mose, David, Hosea, Lukas, Johannes oder Paulus wahrnimmt und zu verstehen sucht, sondern den Geist Gottes. Die Texte sind in diesem Sinne sachgemäß verstanden, wenn sie im Geist Gottes als Wort Gottes verstanden sind.

c) Paulus dankt der Gemeinde in Thessaloniki dafür, dass sie „*das Wort der göttlichen Predigt nicht als Menschenwort aufgenommen haben, sondern als das, was es in Wahrheit ist, als Gottes Wort*" (1Thess 2,13). An diesem Wort des Apostels ist zweierlei bedeutsam: 1. das Wort der apostolischen Verkündigung kann als Menschenwort verstanden und aufgenommen werden. Wäre es nicht so, hätte Paulus keinen Anlass, den Thessalonichern dafür zu danken, dass sie das nicht getan haben. In seiner äußeren Gestalt ist die apostolische Predigt natürlich Menschenwort, das Wort eines Rabbis, der Christ geworden ist. Insofern wäre es nicht nur möglich, sondern sogar

---

ansieht, kann Gott beim Lesen der Heiligen Schrift so begegnen, dass er es als Wort Gottes vernimmt.

14 Das schließt nicht aus, dass auch andere Texte – z. B. in der heutigen Zeit – von Gottes Geist inspiriert sein können. Aber im Gegensatz zur Heiligen Schrift müssen diese daraufhin geprüft werden – und zwar anhand der Heiligen Schrift. Die Heilige Schrift gilt also in einem einzigartigen, eindeutigen und normativen Sinn als von Gottes Geist inspiriert.

verständlich, wenn die Worte dieses Menschen auch als Menschenwort gehört und verstanden werden würden. 2. Das Geheimnis der apostolischen Verkündigung besteht jedoch darin, dass hier eigentlich nicht Menschenworte geredet werden, sondern dass durch die Worte des Apostels hindurch der Herr selber spricht. Sie kommen aus dem Munde eines Menschen, aber sie stammen aus dem Geist Gottes. Ihr Ursprung, ihre „Genese" ist nicht psychologisch oder historisch zu fassen, sondern in diesem Sinne nur geistlich. Geistliche Schriftauslegung bedeutet, nach dem göttlichen Ursprung der Texte zu fragen. Auf dem Wege historischer Rückfragen gelangen wir bestenfalls zu den historischen Ursprüngen, aber nicht zu den geistlichen Ursprüngen. Geistliche Genese und historische Genese – beide fragen, woher etwas kommt, aber die eine sucht die Antwort auf diese Frage oben, die andere hinten.

Paulus dankt den Thessalonichern für ihr „pneumatisches Verständnis", dafür, dass sie in seinen Worten den Herrn selber vernommen und im Glauben angenommen haben. Die zweite Möglichkeit, die Worte der apostolischen Verkündigung nicht als Menschenwort aufzunehmen, sondern als Gottes Wort, ist mehr als nur eine Variante möglicher Verständnisweisen. Die zweite Möglichkeit entspricht allein der Wahrheit; denn in Wahrheit handelt es sich um Gottes Wort. Nach Paulus ist es also richtig, die menschlichen Worte in der Schrift als Gottes Wort zu hören.

3.3 Geöffnete Augen – geöffnete Schrift

In Lukas 24,13-35 gibt uns die Heilige Schrift ein Beispiel dafür, was mit einer „geistlichen Schriftauslegung" gemeint sein könnte. Der vom Tod auferstandene Jesus Christus begegnet zweien seiner Jünger, die in Hoffnungslosigkeit und Unverständnis über die Geschehnisse der letzten Tage Jerusalem verlassen haben und nach Emmaus wandern. Ihre Traurigkeit und ihr Erschrecken deutet er als mangelnde Einsicht in das Handeln Gottes, wie es in der Schrift erkennbar ist. *„O ihr Toren, zu trägen Herzens, all dem zu glauben, was die Propheten geredet haben! Musste nicht Christus dies erleiden und in seine Herrlichkeit eingehen?"* (24,25f). Die Trägheit des Herzens wird als Hinderungsgrund für ein angemessenes Verständnis der Heiligen Schrift erkennbar.

Jesus beginnt damit, den Jüngern die Schrift auszulegen, von Mose bis zu den Propheten. Er zeigt ihnen die großen heilsgeschichtlichen

Zusammenhänge. Und doch ist es, als wenn sie jetzt immer noch nicht erkennen können, was mit dem allen gemeint ist und wer da mit ihnen redet. Die Jünger laden ihn ein, das Abendessen mit ihnen zu teilen und die Nacht bei ihnen zu bleiben. Als er bei Tisch das Brot nahm, das Dankgebet sprach, es brach und ihnen gab, da *wurden ihre Augen geöffnet, und sie erkannten ihn"* (24,31). In diesem Moment wird ihnen – gleichermaßen im Rückblick – deutlich, was sie schon auf dem Weg nach Emmaus vage spürten. *„Sie sprachen untereinander: Brannte nicht unser Herz in uns, als er mit uns redete auf dem Wege und uns die Schrift öffnete?"* Aus den verzweifelten, in Lethargie versunkenen Menschen wurden mutige Zeugen der Auferstehung Jesu. Obwohl es schon Nacht geworden war, eilen sie zurück nach Jerusalem und bekennen: *„Der Herr ist wahrhaftig auferstanden!"*.

Auslegung geschieht hier in einem doppelten Schritt. Zuerst legt Jesus ihnen die Schrift aus – in der Art und Weise, wie es ein Rabbi tut und zugleich in einer neuen Weise, die messianisch-christologisch gefüllt ist. Er öffnet die Schrift für eine neue, tiefe Einsicht: Jesus Christus ist der Messias, auf den Mose und die Propheten gedeutet haben. Doch die Auslegung ist noch nicht am Ziel, denn ihre Augen sind gehalten, und sie können den eigentlichen Sinn des Gesagten nicht verstehen. Erst als ihre Augen geöffnet werden, erkennen sie wirklich. Das Öffnen der Schrift und das Öffnen der Augen kommen zueinander; eins ist nicht ohne das andere, sie bedingen sich gegenseitig. Die geöffnete Schrift wird nur verstanden durch geöffnete Augen, und die geöffneten Augen erkennen zunächst Jesus selbst und dann – in einem neuen Zugang – die geöffnete Schrift. Das könnte man mit „geistlicher Schriftauslegung" bezeichnen.

JOHANNES CALVIN schreibt zu dieser Perikope: *„Gott ... hat denselben Geist, durch dessen Kraft er sein Wort schuf, uns noch hinzugegeben, damit er sein Werk durch kräftige Bestätigung des Wortes vollende. In dieser Weise öffnet Christus den beiden Jüngern das Verständnis (Lk. 24,27.32) nicht, damit sie die Schrift wegwürfen und bei sich selbst weise wären, sondern damit sie die Schrift verstünden."*[15] Der Heilige Geist ist eine notwendige und unaufgebbare Voraussetzung dafür, die Heilige Schrift richtig zu verstehen.

---

[15] JOHANNES CALVIN. Institutio (Unterricht in der christlichen Religion), Kap. 9,3.

REINHARD SLENCZKA nimmt diese geistliche Erkenntnis auf, wenn er formuliert: „*Dem zum Hören gerufenen Menschen wird durch das Wort Gottes aufgedeckt, wie es um ihn steht. Ausgelegt wird daher eigentlich nicht der Text, sondern der Mensch so wie er vor Gott ist ...*"[16] SLENCZKA weist darauf hin, dass im Grunde schon die hermeneutische Frage als Frage nach dem Verstehen der Schrift vom biblischen Verständnis des Wortes Gottes abrückt. In der Bibel steht nicht die Frage nach dem Verstehen im Mittelpunkt, sondern die Frage nach der Wirksamkeit des Wortes Gottes. Die Wirkung des Wortes Gottes aber kann eine doppelte sein: a) erleuchtend, Sünde aufdeckend, Glauben weckend, b) verstockend. Durch die Frage nach dem Verstehen der Texte wird das Verstehensproblem auf die Seite der Heiligen Schrift verlagert. Das Problem des Verstehens liegt aber wesentlich nicht in den Texten, sondern im Menschen, der ohne den Heiligen Geist keinen Zugang zum Wort Gottes bekommt bzw. sich dem Wort Gottes in seiner Sünde und Verstocktheit verschließt.

Auch für HELLMUTH FREY spielt das Motiv der Verstockung eine entscheidende Rolle bei der Frage nach der Erkenntnis der Heiligen Schrift. Im Kreuz Jesu erkennt er das Gericht über jede – auch die forschende – Eigenmächtigkeit des Menschen. Es ist deshalb nötig, dass sich der Mensch unter das Gericht beugt und sich an die Leitung des Geistes unter den Gehorsam Christi ausliefert.[17]

Am Kreuz wird nicht nur die Verschlossenheit der Schrift für den nicht wiedergeborenen Menschen enthüllt, sondern auch die Absicht deutlich, die Gott mit der Gestalt der Schrift bezweckt: „*Gott hat seinen Eintritt in die Geschichte, sein Wort und sein Handeln und schließlich seine Inkarnation und sein Kreuz in solche Gestalt gekleidet, um der Hybris des Menschen und seiner Ratio willen. ... Gott ist also verbergend an der Schrift tätig gewesen. Es liegt also nicht nur am Auge, sondern auch an der Gestalt der Schrift, daß man sie ohne den Heiligen Geist nicht versteht.*"[18]

---

[16] REINHARD SLENCZKA. Kirchliche Entscheidung in theologischer Verantwortung. Göttingen 1991, S. 181.

[17] Vgl. H. FREY. „Um den Ansatz ...", S. 169f.

[18] H. FREY. Krise, S. 85.

3.4 Die Heilige Schrift – Gottes Wort an uns

Gott will durch das Wort der Schrift in das Herz von Menschen treffen – und zwar nicht nur in das Herz der ersten Hörer, sondern ebenso in das der heutigen Hörer. Eine Schriftauslegung ist darin „geistlich", dass sie nicht bei der historischen Erhebung der ursprünglichen Situation stehen bleiben kann, in ihr vielleicht nicht einmal den primären Schlüssel zum Verständnis der Schrift sieht. Hören wir dazu MARTIN LUTHER, auf den man sich gerne beruft, wenn es darum geht, den *sensus litteralis* (wörtlichen Schriftsinn) bzw. den *sensus historicus* (historischen Schriftsinn) als den allein maßgeblichen Schriftsinn herauszustellen. In seiner Erklärung des 1. Psalms schreibt er: *„Vor allem ist in der Schrift zu beachten, wie klug sie es vermeidet, Namen von* [bestimmten] *Gruppen und Personen zu nennen. In diesem Psalm ist ja zwar ohne Zweifel in erster Linie das Judenvolk gemeint ... Dennoch sagt der Psalmist nicht: ,Glücklich der Jude' oder: ,Glücklich der und der' ... Daß die Schrift so redet, war deshalb nötig, damit das Wort Gottes, da es ewig ist, auf alle Menschen aus allen Jahrhunderten passe ... Sodann war das nötig, damit nicht, wenn eine einzelne Person mit Namen genannt würde, dann die andern etwa glauben könnten, es gehe sie nichts an ..."*[19]

Dass sie heute zu uns als Gottes Wort (und nicht als bloßes historisches Zeugnis von Gottes Reden in vergangenen Tagen) sprechen möchte, wird von LUTHER als die kluge Absicht der Schrift selber erkannt. Gottes Wort ist ein ewiges, ein nicht zeitlich gebundenes Wort. Es ist zeitlos: nicht in dem Sinne, dass es höchst entrückt über den Zeiten schwebt, sondern in dem Sinne, dass es nicht gebunden ist an eine bestimmte Zeit (wodurch es uns historisch „entrückt" wäre). Als ewiges Wort treffen die Worte des ersten Psalms die jeweilige Gegenwart, treffen in unser Herz und verbinden uns mit dem ersten Beter dieses Psalms in einer Weise, die eigentlich nur geistlich zu verstehen ist. DIETRICH BONHOEFFER gab den Rat, die Psalmen als Gebete aus dem Mund Jesu Christi zu hören und zu verstehen.[20]

---

[19] MARTIN LUTHER in seiner zweiten Psalmenvorlesung von 1519 bis 1521. Ausgewählte Werke. Stuttgart 1933, Band IV, S. 150.

[20] Dietrich Bonhoeffer. Die Psalmen: Das Gebetbuch der Bibel. Eine Einführung. 15. Aufl. Gießen 1995.

Es geht darum, den *Sinn eines Textes* zu finden. Der Sinn eines Textes ist nicht unbedingt, nicht immer und vor allem nicht immer eindeutig mit der Rekonstruktion dessen identisch, was die ersten Hörer verstanden haben mögen (vgl. Prophetie). Die biblischen Schriften sind nicht nur historische Nachrichten von Taten Gottes, von Wundern und geistlichen Wirkungen in einer anderen Zeit. Sie bewirken vielmehr in ihren Lesern dieselben Wunder und Taten Gottes wie an denen, von denen sie berichten. OSWALD BAYER schreibt dazu: *„Alle im Neuen Testament erzählten Geistwirkungen sind, auf den entscheidenden Punkt hin gesehen, Totenauferweckungen, die kraft der Auferweckung des Gekreuzigten geschehen. Doch die Nachrichten von diesen Geistwundern scheinen nichts als Nachrichten zu sein – nicht das Wunder selbst, nicht Geist als Gegenwart. Oder könnten diese Nachrichten – geschriebene Texte – an ihren Lesern und Hörern dieselben Wunder tun wie die, die von ihnen berichtet werden? Dann aber wäre das Verständnis dieser Texte und der Glaube an das, was in diesen Texten gesagt ist, durch nichts anderes zu erreichen als durch denselben Geist, der jene Wunder tat und die Verfasser ihrer Erzählung bewegt hat.*"[21]

Gott hat sich in der Wirkung seines Geistes an das Wort der Heiligen Schrift gebunden. D. h. so wie die Schrift nicht ohne den Heiligen Geist zur Wirkung kommt, so kommt auch der Heilige Geist nicht ohne die Schrift zur Wirkung.

„Gott selbst - der heilige Geist - hat sich so gebunden, sich selbst so festgelegt, daß er seinen Beweis des Geistes und der Kraft heute nicht anders führen will als durch und in alten Buchstaben, nicht anders als durch und in dem festen prophetischen Wort."[22]

BAYER beschreibt nicht nur die geistliche Wirkung der Schrift, die im Grunde wohl kaum ein Theologe bestreiten würde. Er zieht vielmehr aus dieser Grundeinsicht Konsequenzen für das angemessene Verständnis der biblischen Texte. Wenn sie vom Geist Gottes bestimmt sind, und wenn der Heilige Geist darüber hinaus durch sie hindurch wirkt, so muss das beim Verständnis dieser Schriften Berücksichtigung finden. Es kann dann gar nicht anders sein, als dass *„das Verständnis dieser Texte und der Glaube an das, was in diesen*

[21] OSWALD BAYER. Neuer Geist in alten Buchstaben. Neuendettelsau 1994, S. 10f.
[22] A.a.O., S. 23.

Texten gesagt ist, durch nichts anderes zu erreichen" ist „als durch denselben Geist". Also: nicht nur der Glaube an das, was in den Texten geschrieben steht, ist als Wirkung des Geistes zu verstehen. Das wird mancher ebenso sagen, diese Wirkung aber als ein Geschehen ansehen, das jenseits der eigentlichen exegetischen Aufgabe liegt. Für BAYER ist darüber hinaus aber auch das Verständnis dieser Texte nur durch den Geist Gottes möglich. Genau das und nichts anderes ist mit „pneumatischer Exegese" gemeint – ob man diesen Begriff nun für glücklich hält oder nicht.

3.5 Der Sinn einer „hermeneutica sacra"

Im Zusammenhang einer „geistlichen Schriftauslegung" wurde – lange bevor es eine Diskussion um die sog. „pneumatische Exegese" gab – von einer *hermeneutica sacra*, einer „heiligen Hermeneutik" gesprochen. Der pietistische Theologe JOHANN JAKOB RAMBACH definiert, was er darunter versteht: *„Die hermeneutica sacra* [ist] *eine praktische Geschicklichkeit, durch welche ein Theologe – mit den notwendigen Hilfsmitteln genügend ausgerüstet – unter dem vorleuchtendem Licht des heiligen Geistes befähigt wird, den Sinn der Schrift richtig zu ermitteln und den gefundenen Schriftsinn Anderen vorzutragen und verständig anzuwenden, damit auf diese Weise die Ehre Gottes und das Heil der Menschen gefördert werde."*[23]

Eine sehr dichte Formulierung, die alle wesentlichen Elemente enthält: die Beschreibung der Tätigkeit (praktische Geschicklichkeit), das Subjekt (ein Theologe), die Mittel (notwendige Hilfsmittel), die Voraussetzung (das vorleuchtende Licht des heiligen Geistes), den Inhalt (Sinn der Schrift), die Überprüfbarkeit (andern vortragen), die Anwendung (verständig anwenden) und das Ziel (die Ehre Gottes und das Heil der Menschen). Diese *hermeneutica sacra* unterscheidet sich von anderen hermeneutischen Ansätzen durch ihre Voraussetzung, dass hier nicht mit der menschlichen Vernunft die „dunkle" Schrift erhellt und beleuchtet wird, sondern der Heilige Geist den Ausleger erleuchtet mit seinem Licht, so dass der Sinn der Schrift richtig ermittelt werden kann. Und sie unterscheidet sich durch das Ziel: in und mit der Auslegung Gott die Ehre zu geben und Men-

---

[23] JOHANN JAKOB RAMBACH. Institutiones Hermeneuticae Sacrae. Jena 1729, S. 2. Zit. nach P. Stuhlmacher. Vom Verstehen des Neuen Testaments: Eine Hermeneutik. Göttingen 1979, S. 126.

schen zu deren Heil zu dienen. Dennoch ist bei dieser Auslegung nicht an eine von oben hereinbrechende Form der Offenbarung gedacht, die nicht mehr vermittelbar, nachvollziehbar und kontrollierbar wäre. Das Ergebnis, der ermittelte Schriftsinn soll vielmehr den anderen vorgetragen und verständig angewendet werden.

Die Überlegungen zu einer „geistlichen Schriftauslegung" durchziehen die gesamte Kirchengeschichte: von der Alten Kirche[24] über das Mittelalter ist dieses Anliegen bis hin zu den Reformatoren, den Pietisten und den Vertretern der Erweckungsbewegung lebendig geblieben. Was HELLMUTH FREY zu der Frage schreibt, fügt sich nahtlos in diese Linie ein: *„Zur Auslegung der Schrift muß man berufen werden. Nicht nur Ausgangspunkt, sondern auch fortlaufend tragende Grundlage muß das Gebet um den Heiligen Geist, um den Gehorsam gegen die geschenkte Erkenntnis im eigenen Leben sein."*[25] FREY knüpft an die letzten Worte LUTHERS an, wenn er sagt: *„daß wir wie vor Christus auch vor seinem Wort und damit vor der Schrift Bettler sind, der Öffnung des Auges für ihn und für die Schrift, wie der Öffnung der Schrift für uns durch seinen Interpreten bedürfen".*[26]

---

[24]   Vgl. dazu JÜRGEN ROLOFF. § 18 Biblische Theologie. In: Ders. Neues Testament: Neukirchener Arbeitsbücher. Neukirchen 1977. Es war der Sinn der allegorischen Schriftauslegung, hinter den vordergründigen Wortsinn in die Tiefen der Wahrheit vorzudringen. Der buchstäbliche Wortsinn (sensus litteralis) wurde nicht aus den Augen verloren, aber für *,die Entdeckung der konkreten historischen Besonderheit von Texten und für den Aufweis spezifischer Differenzen zwischen ihnen fehlte den alten Auslegern der Blick'*, weil ihnen dafür, wie ROLOFF bemerkt, das *,erkenntnisleitende theologische Interesse'* fehlte, (S. 262). Mit anderen Worten: das, was heute über 90 Prozent der Exegese ausmacht, interessierte sie schlichtweg gar nicht.
,Ziel und Rahmen aller Schriftauslegung' ist in der Alten Kirche *,der Glaubenskanon der Kirche'*, die *regula fidei*. Derselbe Geist, der beim Zustandekommen der Schriften am Werk war, wirkt auch in der Kirche als der Gemeinschaft derer, die er geheiligt hat. *,Aufgabe des Auslegers kann darum nur sein, sich vom in der Kirche wirkenden Geist zur Erkenntnis dieser auf die Kirche ausgerichteten Wahrheit bringen zu lassen'* (S. 263).
[25]   HELLMUTH FREY. „Um den Ansatz ...", S. 178 (in dieser Ausgabe S. 37).
[26]   HELLMUTH FREY. Die Krise der Theologie, S. 8of.

3.6 Die Erkennbarkeit der Heiligen Schrift durch Ungläubige

Es muss eine Frage angesprochen werden, die sich an dieser Stelle geradezu aufdrängt. Wenn man davon ausgeht, dass nur durch den Heiligen Geist die Heilige Schrift verstanden werden kann, wie wäre es dann möglich, dass auch Ungläubige die Heilige Schrift verstehen? Oder soll behauptet werden, dass Ungläubige die Schrift überhaupt nicht verstehen können? Und wie sollten sie dann jemals zum Glauben finden, wenn es da nichts zu verstehen gäbe?

Bedenkt man diese Fragen differenziert, so fällt zunächst auf, dass die Verstehensmöglichkeit des Ungläubigen oder – wie man eher sagen würde – des kritischen Zeitgenossen häufig als Argument und Ausgangspunkt im Zusammenhang hermeneutischer Grundsatz-Überlegungen vorgebracht wird. Die Lehre vom Verstehen wird so entworfen, dass sie für alle Menschen – für Gläubige und Ungläubige gleichermaßen – Geltung hat. Damit scheint dann die Gewähr für eine optimale Breitenwirkung des eigenen hermeneutischen Ansatzes gegeben zu sein. Man stellt sich so dem kritischen Gespräch und erfüllt dadurch obendrein eine apologetische oder missionarische Aufgabe. Man könnte jedoch aus der Geschichte der christlichen Dogmatik lernen, dass es sich nicht bewährt, apologetische, missionarische oder didaktische Überlegungen zum Ausgangspunkt christlicher Lehrbildung zu machen. Die Frage „Wie sag ich's meinem Kinde?" ist nicht dazu geeignet, die eigene Wahrnehmung auf die Fülle der Erkenntnismöglichkeiten einzustellen. Zunächst einmal muss deutlich sein, was es zu erkennen gibt, bevor ich mich der Frage zuwenden kann, wie ich das, was ich erkannt habe, jemandem zugänglich mache, der u. U. (noch) keinen Zugang dazu hat. Schiebt man die Frage nach der Vermittelbarkeit von Inhalten vor die Frage nach ihrem Erkenntnisweg, kann das die Wahrnehmungsmöglichkeiten deutlich einschränken, bisweilen sogar verunmöglichen.

Für die hermeneutische Frage ist die Situation der missionarischen Vermittlung nicht ausschlaggebend. Hermeneutik als Lehre vom angemessenen theologischen Verständnis biblischer Texte muss von der Mitte der Theologie und nicht von ihren Rändern her bedacht werden. Eine „stellvertretende" Vorschaltung des allgemeinen Hörvermögens vor das geistliche Verstehen ist – auch unter missionarischen Gesichtspunkten – nicht hilfreich. Man wird so, ausgehend von der vorläufigen Verstehensmöglichkeit der Ungläubigen, nicht den theologischen Kern eines angemessenen Verstehensweges für Theologie und Kirche beschreiben können. Theologische Hermeneutik ist nicht ein Mittel, um mit dem modernen kritischen Zeitgenossen im Gespräch zu bleiben, sondern ein Feld, auf dem ein Verstehensweg bedacht wird, der dem Selbstverständnis der Bibel als dem Wort Gottes entspricht – und dieses Selbstverständnis deckt sich nun einmal nicht mit dem Vorverständnis des modernen kritischen Hörers.

Ich denke, es gibt gute Gründe dafür, mit Paulus davon auszugehen, dass der natürliche Mensch geistliche Zusammenhänge nicht erkennen kann (1Kor 2). Das bedeutet: (geistliches) Verstehen im eigentlichen Sinn ist Ungläubigen nicht möglich. Die Heilige Schrift zu verstehen erschöpft sich nicht darin, grammatische oder historische Zusammenhänge zu verstehen.

Dennoch ist die Bibel Ungläubigen nicht völlig verschlossen. Die Bibel ist kein esoterisches Buch. Es können grammatische Sinnzusammenhänge erfasst werden usw. Aber der Zugang zur „äußeren Klarheit" bedeutet noch kein Verstehen der inneren, geistlichen Zusammenhänge. Dafür ist der Heilige Geist notwendig.

Nun können viele Menschen bezeugen, dass sie beim Lesen der Heiligen Schrift zum Glauben gefunden haben. Das wäre nicht möglich, wenn diese Menschen nicht verstanden hätten, was sie gelesen haben. Wie ist diese Erfahrung einzuordnen?

Wir rechnen auch für den Fall, dass ein Ungläubiger die Heilige Schrift im eigentlichen Sinn erfasst und versteht, mit dem Wirken des Heiligen Geistes. Wenn ein bisher nicht glaubender Mensch beim Lesen der Bibel zu einem geistlichen Verstehen gelangt, so ist das kein Hinweis auf die Möglichkeit, dass auch Ungläubige die Schrift erkennen können. Es ist vielmehr ein Hinweis darauf, dass der Heilige Geist auch in diesem Fall die Schrift aufschließt.

Das Verstehen des Ungläubigen bewegt sich entweder im Rahmen einer von LUTHER so bezeichneten „äußeren Klarheit" – und bleibt damit im Vorfeld des eigentlichen Verstehens stecken – oder es ereignet sich das Wunder, dass ein Mensch vom Geist der Bibel, dem Heiligen Geist erreicht und ergriffen wird und über sein bisheriges Vorverständnis und Vorurteil hinaus zu einer tieferen Einsicht geführt wird. Das Lesen und Verstehen des Ungläubigen wird so zu einem geistlichen Verstehen, das ihn nicht unverändert lässt. Das Verstehen ist also in jedem Fall pneumatologisch bestimmt.

3.7 Der Ort der Auslegung: die Gemeinde

Der Sinn der Exegese ist der Ort, an den sie gehört. Der Ort der Exegese aber ist die Gemeinde. Das bedeutet dreierlei:
a) Auslegung steht im *Strom* der lebendigen Gemeinde *durch die Zeiten* hindurch. Geistliche Auslegung wird dankbar Einsichten aufnehmen, die anderen Auslegern vor ihnen geschenkt worden sind. Sie wird dabei nicht nur auf die jüngsten Kommentare zurückgreifen, wie es neuprotestantischer Gepflogenheit entspricht, sondern auch von Auslegungen lernen, die älter sind. Geistliche Auslegung weiß sich dem Geist Gottes verpflichtet, der durch die Zeiten hindurch in der christlichen Gemeinde gewirkt hat.
b) Exegese soll zur *Predigt* hinführen, d. h. sie muss auch dem Geist der Verkündigung entsprechen. Der Ausleger ist der erste Hörer des Ausgelegten. Pneumatische Exegese ist eine Exegese, die der Gemeinde – im besten Sinnes des Wortes – zur Auferbauung dient, die zum Glauben führt und im Glauben stärkt. Sie lässt die Bibel das sein, was sie in der geistlichen Tradition der Kirche ist und auch selber sein will: das Wort Gottes. Wo die Bibel als Wort Gottes ausgelegt wird, da geschieht Pneumatische Exegese – auch wenn sie nicht so genannt wird.
c) Das *Verantwortungsforum* für die Schriftauslegung ist primär die Gemeinde und nicht der wissenschaftliche Diskurs. Auf dem Feld der Gemeinde hat die Schriftauslegung ihre Bewährungsprobe zu bestehen. Ihre Relevanz für die Gemeinde ist ursprünglicher und bedeutsamer als die Anerkennung durch die Fachkollegen.[27]

3.8 Auslegung in Analogie zum Geist der Schrift

Pneumatische Exegese ist der Versuch, zu beschreiben, was geschieht, wenn eine der Bibel als dem *Wort Gottes* angemessene Aus-

---

[27] *„Theologie verantwortet sich ... vor dem Forum der Wissenschaft eher als vor dem Forum der Gemeinde. Theologische Arbeit, die wir mit dem Prädikat ‚unwissenschaftlich' abstempeln, wird damit disqualifiziert. Die Abwehrmechanismen sind schon ritualisiert, um uns vor Überraschungen und allem Prophetischen zu bewahren, und fragen wir nach dem Nutzen theologischer Arbeit für die Gemeinde, werden wir bald einmal des Banausentums verdächtigt. ... Auf den Erweis des Geistes und der Kraft ist sie [die Theologie] nicht mehr aus. Die Selbstrechtfertigung als Wissenschaft genügt ihr vollauf."* RUDOLF BOHREN, „Lehre und Praxis der Kirchen in der industriellen Gesellschaft". In: Theologie – was ist das? Hg. v. G. Picht und E. Rudolph. Stuttgart; Berlin 1977, S. 425f.

legung gegeben wird. Sie stellt dafür keine besonderen Methoden zur Verfügung, sondern umschreibt eine Grundhaltung, eine Einstellung, eine Erwartungshaltung, eine Offenheit, ein Ziel, eine geistliche Verantwortung als Lehrer der Kirche.

Pneumatische Exegese steht in einer Entsprechung, einer *Analogie*: Eine angemessene Auslegung geschieht im selben Geist, in dem auch die Schriften selber verfasst wurden. Es geht nicht darum, dass der Ausleger den Heiligen Geist mitbringt, um ihn dem Text hinzuzufügen. Es geht überhaupt nicht so sehr um ein inneres Geschehen im Ausleger, so als müsse er bestimmte Voraussetzungen mitbringen. Es geht lediglich darum, dass der Ausleger in seiner Arbeitshaltung dem Ziel Gottes in seinem Wort (Sinn, Dynamik, Absicht) entspricht und dem nicht etwa im Wege steht.

So wie jeder Text einen Geist hat, in dem er geschrieben ist, so geschieht auch jede Auslegung in einem bestimmten Geist. Pneumatische Exegese bedeutet nichts anderes als die Erkenntnis, dass der Geist der Auslegung dem Geist entsprechen soll, der in den biblischen Texten wirkt. Das ist nicht selbstverständlich, denn der „Geist", in dem eine Auslegung geschieht, kann sich durchaus mit dem Geist des interpretierten Textes reiben oder ihm gar widersprechen.

Die Auslegung kann bestimmt sein durch den Geist der Aufklärung, den Geist der Kritik, den Geist des Widerspruchs, den Geist des Nihilismus, den Geist der Wissenschaft, den Zeitgeist, den Geist der Analyse, den Geist der Besserwisserei. Menschenmeinungen über Texte sind keine angemessene Auslegung von Gottes Wort. Der Schlüssel zu einem geistlichen Text, d. h. zu einem Text, durch den der Heilige Geist zur Sprache und zum Zuge kommen möchte, kann keine Methode sein, die sich ausdrücklich nur auf die historische Dimension des Textes bezieht, die geistliche Dimension aber methodisch („zunächst") ausschaltet.

Pneumatische Exegese sagt nichts anderes als dass der Geist, in dem die Auslegung geschehen soll, der Heilige Geist ist. D. h. die Auslegung darf nicht hinter dem Geist des Textes zurückbleiben. Auslegung muss sich in ein Entsprechungsverhältnis zum auszulegenden Text zu setzen suchen. Man könnte also auch auf dem Feld der Exegese von einer *analogia fidei* (KARL BARTH) reden. Der ausgelegte Text als Teil des Glaubens ist nicht (entbehrliche) Privatsache, sondern Bestandteil des Textes in dessen eigener Zielbestimmung (vgl. Joh 21; Lk 1).

Geistliche Schriftauslegung geschieht von daher im Geist der Demut, d. h. im willigen Gehorsam, der sich Gott und seinem Wort unterstellt. *„Alle Morgen weckt er mir das Ohr, dass ich höre, wie Jünger hören"* (Jes 50,4). Gott als Schriftsteller – Begegnung mit der Heiligen Schrift in Demut: auf diesen Zusammenhang hat J.G. HAMANN eindrücklich hingewiesen.[28]

Das kann im einzelnen bedeuten: Statt der Idee der Voraussetzungslosigkeit: Bewusstwerden und Akzeptanz der notwendigen geistlichen Voraussetzungen; statt der Idee der kritischen Distanz: geistlich vermittelte Nähe; statt der Idee der autonomen Vernunft: gehorsame Indienstnahme des Menschen mit Einschluss seiner Vernunft; statt einer Überordnung des forschenden Subjekts über seinen Forschungsgegenstand: demütige Unterwerfung unter das Geheimnis Gottes; statt eines richtenden Urteils der kritischen Vernunft: gläubiges Einverständnis in den Geist der Schrift.

3.9 Pneumatische Exegese und methodische Arbeit

HELLMUTH FREY hat immer wieder betont, dass es sich bei der Pneumatischen Exegese nicht um eine *„Herabwürdigung der Erkenntnis aus dem Geist zu einer Methode"*[29] handeln kann. Der Heilige Geist – darüber ist man sich einig – lässt sich methodisch nicht fassen oder gar in den Griff nehmen.

Mit anderen Worten: Heiliger Geist und Methode sind nicht kompatibel, zumindest nicht in dem Sinne, dass der Heilige Geist Teil einer Methode sein könnte. Man müsste also entweder auf den Heiligen Geist verzichten: Wenn man konsequent methodisch denkt, wird der Heilige Geist – methodisch gesprochen – außen vor bleiben. Oder man müsste, wenn man den Heiligen Geist für konstitutiv hält, die Methode relativieren und ihren Anspruch, *der* Schlüssel zur Heiligen Schrift zu sein, in Frage stellen.

Wenn wir davon ausgehen, dass es beim Verstehen der Heiligen Schrift entscheidend auf das „geistliche" Verständnis ankommt, dann bliebe bei der konsequenten Monopolstellung einer Methode, die den Heiligen Geist methodisch ausklammert, das eigentliche Ziel

---

[28] Vgl. dazu HEINZPETER HEMPELMANN. Nicht auf der Schrift, sondern unter ihr: Grundsätze und Grundzüge einer Hermeneutik der Demut. Bad Liebenzell 2000.
[29] H. FREY. Krise, S. 85.

der Schriftauslegung unerreicht.[30] Wenn die Exegese von einer Methode bestimmt wird, die den Heiligen Geist („zunächst") beiseite lässt, dann stellt sich die Frage, ob eine solche Methode einem geistlichen Verständnis der Schrift überhaupt entsprechen kann und von daher angemessen ist. Die vorherrschende Methode wäre in dem Fall zumindest defizitär, und das Defizit wäre enorm: denn wenn es sich so verhält, fehlt nicht etwas, sondern das Entscheidende.

Lässt sich der Heilige Geist einerseits methodisch nicht greifen, ist er aber andererseits unabdingbar für ein angemessenes theologisches Schriftverständnis, dann kann der methodische Weg nicht der Königsweg der Exegese sein. Will man angesichts dessen dennoch die unaufgebbare Notwendigkeit einer Methode behaupten, müsste man die methodisch-exegetische Arbeit – theologisch konsequent gedacht – kurzerhand als Vorfeldarbeit deklarieren und damit der Exegese insgesamt bescheinigen, sie habe für die Theologie lediglich den Rang einer Hilfswissenschaft.[31]

Mit dieser theologischen Zuspitzung wird die philologisch genaue Arbeit an den Texten, die auch eine historische Dimension hat, weder als ungeistlich verdächtigt noch auch nur für überflüssig gehalten. Alles, was dem Verständnis der biblischen Texte dient, ist nicht nur erlaubt, sondern geboten. Die hermeneutische Frage, der ich in diesem Beitrag nachgehe, ist jedoch nicht die nach der Anwendungsmöglichkeit von Arbeitsschritten und nach der Berechtigung einzelner Fragestellungen, sondern die nach dem Schlüssel zu den

---

[30] Damit ist noch nichts darüber gesagt, ob einem geistlichen Verständnis bestimmte Methoden (oder besser: Arbeitsschritte) dienen können. Das ist zweifellos möglich – unter folgenden Voraussetzungen: 1. auf die angewendeten Arbeitsschritte wird kein Monopolanspruch erhoben; 2. sie sind möglich, aber nicht unerlässlich; 3. sie können ein geistliches Verständnis nicht ersetzen; 4. sie fügen sich in ein geistliches Grundverständnis der Texte ein; 5. sie haben einen dienenden heuristischen Charakter.

[31] Diese Position ist nicht aus der Luft gegriffen. Sie ist von einem Dozenten für das Alte Testament in einem Gespräch über Recht und Grenze historisch-kritischer Arbeit durchaus vertreten worden. Er nahm damit das Argument auf, dass die historisch-kritische Methode hinter dem eigentlichen Anliegen der Theologie zurückbleibe und dem Charakter der Bibel als Gottes Wort nicht entspreche. In seinem Gegenargument machte er deutlich, dass „natürlich" (!!) die historisch-kritische Methode nicht zur theologischen Aufgabe im engeren Sinn gehört. Sie verhalte sich der theologischen Bibelauslegung gegenüber eben wie eine Hilfswissenschaft, an die man – nur zu Unrecht – theologische oder gar geistliche Kriterien anlegt.

Texten. Was die grundsätzliche Frage nach dem Schlüssel, d. h. die nach dem notwendigen und angemessenen Zugang zu den biblischen Texten angeht, so scheint mir dieser eben ein eminent theologischer, nämlich ein geistlicher zu sein und nicht etwa ein historischer. Die historische Arbeit kann in den geistlichen Zugang zu den Texten einbezogen werden, sie begleiten und ergänzen, ist aber nicht der eigentliche Schlüssel zu den biblischen Inhalten und Zusammenhängen, so wie das seit dem Siegeszug der historisch-kritischen Methode von Theologen jeglicher Couleur immer wieder behauptet und gefordert worden ist.

Das Verhältnis der Pneumatischen Exegese zur methodischen historisch-kritischen Arbeit ist von *Freiheit* geprägt. Freiheit bedeutet aber immer zweierlei: a) Freiheit zur Methode; b) Freiheit von der Methode.

a) *Freiheit zur Methode.* Es besteht Freiheit im Gebrauch all dessen, was sich als nützlich erweist zum Erfassen der biblischen Texte. Hier gibt es keine Denk- oder Frageverbote. Man kann mit linguistischen oder historischen Methoden einen biblischen Text untersuchen, und diese Arbeit wird sich häufig als gewinnbringend erweisen. Es bieten sich eine Fülle von Arbeitsschritten an, die dazu helfen können, einen Text unter neuen Aspekten zu betrachten und umfassend wahrzunehmen. Vergleicht man verschiedene Methodenbücher – auch alternative Entwürfe – miteinander, so ist man erstaunt darüber, dass sich die ausgeführten Arbeitsschritte im Äußeren kaum voneinander unterscheiden. Es wäre sicher falsch, daraus zu schließen, dass es keine Unterschiede gäbe. Aber die Unterschiede liegen nicht im Bereich der Wahrnehmungen und Beobachtungen, sondern in der gesamten Diktion, in den zugrunde liegenden Prämissen, im erkenntnisleitenden Interesse und im Gesamtrahmen, in den die Einzelbeobachtungen eingeordnet werden.

b) *Freiheit von der Methode.* Besteht wirklich Freiheit, dann besteht auch Freiheit von der Methode. Wenn z. B. die historische Arbeit wirklich freigegeben ist, dann kann sie nicht länger als das Nonplusultra, als der Königsweg zum Textsinn, als die unverzichtbare Grundlage aller exegetischen Arbeit angesehen werden. Man kann die Texte daraufhin befragen, aber die Exegese verfehlt nicht notwendig ihr Ziel, wenn sie explizite historische Fragestellungen auslässt. Warum nicht? Weil die historische Arbeit an den Texten verfehlt oder sinnlos wäre? Nein, sondern weil der Schlüssel zur Heiligen Schrift als dem Wort Gottes nicht in der Vergangenheit liegt. Es wäre verkehrt, hilfreiche historische Beobachtungen zu übergehen. Es wäre aber ebenso verkehrt, in ihnen den unaufgebbaren, notwendigen Schlüssel zum geistlichen Textsinn zu sehen.[32]

3.10 Pneumatische Exegese und menschliche Vernunft

Die rationale Seite im Verstehensprozess wird bei der Pneumatischen Exegese weder verdächtigt noch vernachlässigt. Man muss nur eine doppelte Bestimmung vor Augen haben. 1. Korinther 2 verweist auf die Unfähigkeit der natürlichen Vernunft, geistliche Zusammenhänge zu verstehen. Andererseits wird die Vernunft als vernehmende Vernunft durch den Heiligen Geist erneuert (Röm 12) und in den Dienst genommen. Die erneuerte Vernunft hält sich dem Geist der Heiligen Schrift als dem Geist Gottes hin, um sich ihm in Dankbarkeit und Gehorsam verstehend zu öffnen. Es geht bei dieser Unterscheidung um eine Über- und Unterordnung, nicht um eine falsche Alternative, schon gar nicht um eine prinzipielle Diskreditierung jeglicher Vernunft. Die entscheidende Frage lautet: Wodurch ist die Vernunft geleitet?

Unterschiede in der Beurteilung der menschlichen Vernunft gibt es hinsichtlich ihrer kritischen, d. h. ihrer urteilenden und wertenden Funktion. Insofern es bei der Schrifterkenntnis und Schriftauslegung um ein geistliches Geschehen geht, gilt auch dafür, was MARTIN LUTHER in seiner Auslegung zum Dritten Artikel des Apostolischen Glaubensbekenntnisses über geistliches Erkennen im allgemeinen gesagt hat: „*Ich glaube, dass ich nicht aus eigener Vernunft noch Kraft an Jesum Christum, meinen Herrn, glauben oder zu ihm kommen kann; sondern der Heilige Geist hat mich durch das Evangelium berufen, mit seinen Gaben erleuchtet, im rechten Glauben geheiliget und erhalten ...*"

---

[32] Vgl. dazu die Beiträge von TRAUGOTT HOPP und MANFRED DREYTZA auf der Marburger Tagung im Nov. 1998 „Verschlußsache AT – Ist die Geschichte der Schlüssel?". Abgedruckt in ICHTHYS, Heft 28+29.

4. Das Verhältnis von Menschlichem und Göttlichem in der Heiligen Schrift

4.1 Gottes Wort im Menschenwort?

Die Bibel als Gottes Wort – kann man so überhaupt von der Bibel sprechen? Wissen wir es nicht besser? Ist es nicht so, dass die menschlichen Worte der Schrift zwar zu Gottes Wort *werden* können, es aber nicht *per se* sind? Können und dürfen wir leugnen, dass wir es in den biblischen Schriften mit Worten von Menschen zu tun haben, entstanden in ihrer Zeit, gerichtet an bestimmte Menschen, geschrieben in einer bestimmten Intention? Wenn man die einschlägige Literatur durchsieht, scheinen sich die Formulierungen „Gottes Wort *und* Menschenwort" bzw. „Gottes Wort *im* Menschenwort" bewährt und durchgesetzt zu haben.

Müsste man nicht beiden ihr Recht geben: dem Wort Gottes und dem Menschenwort? Und verfahren wir nicht faktisch so? In der wissenschaftlichen Exegese werden wir der Bibel als Menschenwort gerecht, bei der Predigt hoffen wir, dass der ausgelegte Text zu Gottes Wort wird.

4.2 Die Bibel – wahres Menschenwort und wahres Gotteswort?

Bedenkt man aber das Thema „Gottes Wort und Menschenwort" weiter, müsste man dann nicht in der Konsequenz der christologischen Analogie gemäß dem Bekenntnis des Konzils von Chalcedon (451) davon reden, dass beides, Göttliches und Menschliches, hundertprozentig in der Bibel vorhanden ist: unvermischt, unverwandelt, unauflöslich, untrennbar? Das würde einerseits bedeuten: Keine Vermischung und Verwechslung von Göttlichem und Menschlichem. Gottes Wort geht nicht im Menschenwort auf, und das Menschenwort geht nicht im Wort Gottes unter. Es würde andererseits bedeuten: keine Betonung des Wortes Gottes, ohne seine Menschlichkeit zu bedenken; keine Betonung des Menschenwortes, ohne seine Göttlichkeit zu bedenken. Also auch keine Aufteilung in eine rein am Menschenwort interessierte historische Exegese einerseits und eine am Gotteswort interessierte geistliche Verkündigung andererseits. Es ließe sich einiges anhand dieser christologischen Analogie verstehen und klären.

Aber ich habe doch Bedenken, ob damit nicht sowohl der Christologie als auch der Schriftlehre Gewalt angetan wird. Denn anders als bei der Inkarnation stehen Menschliches und Göttliches bei der Heiligen Schrift nicht als zwei Naturen gegenüber, die in Analogie zum Bekenntnis des Konzils zu Chalcedon als ineinander verwobenes Geheimnis der gottgewirkten Verbindung von Gott und Mensch zu begreifen wären. Auf den ersten Blick stimmt diese Analogie zwar, insofern es sich auch bei der Heiligen Schrift so verhält, dass sich Gottes Wort im Menschenwort zeigt. Aber nun doch nicht so, dass man in Anlehnung an die Christologie von einer „Inverbation" reden könnte.

Denn einerseits – sozusagen phänomenologisch betrachtet – handelt es sich bei der Bibel um Menschenwort und um nichts anderes. Es unterscheidet sich in seinem Äußeren in nichts von anderen menschlichen Büchern. Die Bibel ist – wie man manchmal gerne sagt – nicht vom Himmel gefallen (wie der Koran). Sie hat keine goldene, fehlerlose Gestalt. Sie ist von Menschen geschrieben, deren Eigenarten in Stil und Persönlichkeit wir in ihren Schriften erkennen können usw. Andererseits erheben aber dieselben Autoren den Anspruch, nicht in eigener Autorität zu sprechen. Sie verstehen sich als Gesandte, Bevollmächtigte, Inspirierte, Augenzeugen der Wunder Gottes. Was sie niedergeschrieben haben, sind nicht menschliche Worte und menschliche Gedanken zu geschichtlichen Vorgängen – und seien diese geschichtlichen Vorgänge auch die großen Taten Gottes. Die Kirche hat von Anfang an geglaubt, dass sie es in diesen Schriften mit Gottes Wort zu tun hat.

Die Heilige Schrift wird geistlich als Wort Gottes verstanden, Christus aber wird geistlich als wahrer Gott *und* wahrer Mensch verstanden. Stellt man Christologie und Schriftlehre einander gegenüber, so müsste man zugespitzt sagen: In Jesus Christus beten wir die Menschwerdung Gottes an, das Wunder der Erlösung, das göttliche Geheimnis des Miteinanders und Ineinanders von Gott und Mensch. Die Menschwerdung Gottes in Jesus Christus hat eine einmalige soteriologische Bedeutung, die sich nicht ein zweites Mal in der Gestalt der Heiligen Schrift wiederholt. In der Heiligen Schrift will nicht das Geheimnis des heilschaffenden Ineinanders von Gottes Wort und Menschenwort angebetet werden. Das Geheimnis der Heiligen Schrift besteht darin, dass sie als Gottes Wort gehört und vernommen werden will, obwohl es viele Gründe gibt, sie rein als der Menschen Wort zu verstehen (vgl. 1Thess 2,13). Wenn wir die Bibel durch unser historisch-kritisches Fragen „zunächst" wieder rein als Menschenwort lesen und bearbeiten, fallen wir „zunächst" hinter die eben verdeutlichte theologische Erkenntnis zurück und tun das, was der Apostel gerade nicht gelobt hatte. Wie gesagt: möglich wäre es schon, sie als Menschenwort zu lesen, aber das steht nicht unter dem apostolischen Segen. Im Grunde handelt es sich bei dieser Vorgehensweise um ein Missverständnis dessen, womit wir es in Wahrheit zu tun haben: nämlich mit dem Wort Gottes.

4.3 Gottes Wort in der äußeren Gestalt menschlicher Worte

Christologische Analogien sind unangemessen, um das christliche Verständnis der Bibel als „Heiliger Schrift", als Wort Gottes, zu beschreiben.[33] Die Bibel als Wort durch Menschen und die Bibel als Gottes Wort – das sind nicht „zwei Naturen", die – wie bei Jesus Christus – ineinander, miteinander und aufeinander bezogen zu denken sind. Es handelt sich vielmehr um zwei Aspekte, zwei Betrachtungsweisen. Zur Wahrnehmung ihrer äußeren Gestalt gehört es, den Bezug der biblischen Bücher auf ihre jeweilige Zeit zu berücksichtigen, so weit uns das zugänglich ist. Aber auch darin haben wir es nicht mit der menschlichen Seite der Bibel zu tun, sondern mit

---

[33] An dieser Stelle folge ich HELLMUTH FREY nicht, der sich ausdrücklich auf diese christologische Analogie bezogen hat. Es muss allerdings beachtet werden, dass es zu seiner Zeit ein beliebtes Argument war, historisch-kritisches Arbeiten mit der Menschlichkeit der Heiligen Schrift zu begründen. So schrieb z.B. HANS ENGELLAND in seinem Artikel „Schrift, heilige" im Biblisch-Theologischen Handwörterbuch zur Lutherbibel: die Bibel muss so, wie sie ist, *„in der Menschen Hände gegeben werden, ohne Sicherungen, ohne Schutz, völlig wehrlos. Damit nimmt es kein anderes Schicksal auf sich, als es Jesus selbst getragen hat. Wir müssen die Bibel nach Form und Inhalt der wissenschaftlichen Untersuchung preisgeben und den kritischen Menschengeist ungehemmt forschen lassen, müssen alle Wogen des Zweifels an ihr aufbranden lassen, so wie Jesus sich dem Zweifel aussetzte, in der vollendeten Weise am Kreuz. Ja, es wäre Empörung gegen Gottes Menschwerdung, den Forscher daran hindern zu wollen, daß er die Bibel in der gleichen kritischen Weise untersucht wie sonst ein historisches Dokument der menschlichen Literatur, wie es Empörung des Petrus war, Jesus den Weg der wehrlosen Preisgabe ersparen zu wollen (Mk 8,33)."* (Göttingen 1954, S. 516.) Gegenüber dieser Position stellte es ein hilfreiches Argument dar, unter dem Hinweis auf Chalcedon das Ineinander und Miteinander von Göttlichem und Menschlichem in der Schrift zu betonen und von daher die methodische Isolierung des rein Menschlichen in der Bibel kritisch zu hinterfragen.

dem Zeitbezug des Wortes Gottes, das durch Menschen ergangen ist. Zur Wahrnehmung des Wesens der Heiligen Schrift gehört es, sie als Gottes Wort zu verstehen. Das Wesen Jesu Christi ist dann richtig erfasst, wenn man ihn zugleich als wahren Gott und als wahren Menschen bekennt. Das Wesen der Heiligen Schrift ist dann richtig erfasst, wenn man sie als Gottes Wort in der Gestalt menschlicher Worte begreift. Die Verhältnisbestimmung ist in beiden Fällen eine andere. Von ihrer äußeren Gestalt her haben wir es bei der Bibel mit Worten von Menschen zu tun und mit nichts anderem. Auf dieser Ebene ist nichts Göttliches festzustellen oder gar zu behaupten. Alle Apologie, die auf dieser Ebene Quasi-Göttliches behauptet (völlige Irrtumsfreiheit in allen gemachten Angaben; im Lauf der Geschichte ablesbare und für jedermann erkennbare offensichtliche Erfüllungen von Prophetien; besonderer Stil; besonderer Aufbau etc.) scheint mir von daher unangemessen zu sein.

Auf der anderen Seite haben wir es bei der Heiligen Schrift von ihrem Wesen her mit dem Wort Gottes zu tun und mit nichts anderem. Das „Geheimnis" der Heiligen Schrift besteht nicht darin, dass wir hier Gottes Wort im Menschenwort haben – in einer bestimmten Verbindung, Mischung oder Zuordnung (christologisch), sondern darin, dass es Gott gefällt, durch Menschen und ihre Worte zu reden, sie in Dienst zu nehmen und sie als sein eigenes Wort zur Geltung zu bringen und durchzusetzen (pneumatologisch).

Noch einmal schlicht zusammengefasst – sozusagen wie in einem kleinen Katechismus: Was lehren wir von Jesus Christus? Er ist der Erlöser, in dem Gott und Mensch vereint sind. Was lehren wir von der Heiligen Schrift? Sie ist Gottes Wort.

4.4 *Exegese – Zugang zum Menschenwort?*

Nun scheint aber der Einwand nahe zu liegen: Die Bibel ist nicht nur Gottes Wort, sondern auch Menschenwort. Wer so redet, der sagt damit aber entweder eine Selbstverständlichkeit aus (s.o.) oder er wiederholt darin das heimliche Credo historisch-kritischer Bibelforschung, die sich immer wieder dessen gerühmt hat, die Menschlichkeit der Bibel wieder entdeckt und ihr erst die gebührende Achtung entgegengebracht zu haben. Die Pointe modernen Bibelverständnisses besteht darin: Weil die Bibel (auch) Menschenwort ist – und die Göttlichkeit der Schrift ohnehin unserem Zugriff entzogen bleibt –

ist es unumgänglich, die Schriften der Bibel mit profanen, d. h. mit den ihrer Menschlichkeit entsprechenden Methoden zu untersuchen und zu überprüfen. Gottes Wort können diese Worte je und dann und wie es dem Heiligen Geist gefällt, der weht, wo er will, in der Predigt werden, die in einer sauberen wissenschaftlichen Exegese gründet. Zu meinen, dass man in der Exegese das Wort Gottes als solches zu fassen bekäme, komme einer Anmaßung gleich, der man im Namen der Wissenschaft und auch als Anwalt der biblischen Texte widerstehen müsse – und so wolle man lieber demütig das mühsame Geschäft akribischer historischer Kärrnerarbeit betreiben und so wenigstens der menschlichen Seite der Bibel gerecht zu werden suchen usw.

Die Pointe eines biblischen geistlichen Schriftverständnisses, das bis in die Zeit der Reformation hinein – bei aller Unterschiedlichkeit der theologisch-kirchlichen Strömungen – im Grunde galt, besteht darin: Weil die Bibel Gottes Wort ist, wollen wir die Schrift in der Gestalt, in der sie uns vorliegt, als Gottes Wort hören und in ihr die Offenbarung Gottes vernehmen. Ziel der Exegese ist es, die Bibel als Gottes Wort zu verstehen und zu durchdringen, und das nicht erst in der Predigt. Das war die Intention der Schriftauslegungen von AUGUSTIN bis zu CALVIN und LUTHER.

4.5 Die äußere Gestalt der Heiligen Schrift

Erst wenn dieser grundsätzliche Gegensatz zwischen einem biblisch-reformatorischen und einem rationalistisch-aufgeklärten Schriftverständnis deutlich geworden ist, können wir nun auf eine sicherlich nicht unwichtige Frage zu sprechen kommen, die dann auch ihren angemessenen Stellenwert erhalten wird: Welches ist die Gestalt der Schrift, von der abgesehen wir ja keinen Zugang zu ihrem Gehalt bekommen? Leuchtet nicht in den Schriften selber eine bestimmte Situation, bestimmte Hörer und ein bestimmtes Zeitkolorit auf, das es zu beachten gilt, wenn man diesen Schriften gerecht werden möchte? Und haben nicht auch voraufklärerische Exegeten auf diese Hinweise geachtet? Die Antwort auf diese Fragen – werden sie so gestellt – ist eigentlich klar und unumstritten: Ja! An diesen zeitbezogenen Aussagen vorbei zu gehen würde ja bedeuten, an der Schrift selber vorbei zu gehen.

Aber – und das ist der Unterschied, den es hier nochmals zu beachten gilt – es war vor der Aufklärung nicht die Intention, darin der menschlichen Seite der Heiligen Schrift gerecht zu werden, sondern das Wort Gottes umfassender zu verstehen in der Gestalt, in der es sich darbietet. Das Verstehen der Schrift als Menschenwort galt nicht als Vorstufe für ein angemessenes Verstehen der Schrift als Gottes Wort. Der Zusammenhang, in dem die Heilige Schrift verstanden wurde, war nicht der historisch rekonstruierte situative Zusammenhang, sondern der Zusammenhang der Schrift selber (LUTHER: *scriptura sacra sui ipsius interpres)*. Und deshalb galt als Königsweg zu den biblischen Texten auch nicht der Weg historischer Untersuchungen, also ein Verstehen der Schrift aus ihrer historischen Genese, aus ihrem historischen Ursprung, sondern ein Weg, der die Heilige Schrift aus ihrem innerbiblischen Zusammenhang und aus ihrem geistlichen Ursprung zu verstehen suchte.

Nun mag man einwenden, dass es sich hierbei um eine vorschnelle Alternative handele und dass beide Aspekte sich nicht prinzipiell ausschlössen. Aber man darf dabei nicht aus den Augen verlieren, dass es sich angesichts der Theologiegeschichte der letzten 250 Jahre und angesichts der renommierten wissenschaftlichen Kommentare der letzten Jahrzehnte faktisch doch um einen Gegensatz gehandelt hat. Wir stehen somit – theologiegeschichtlich gesehen – an einem Punkt, wo es nicht darum geht, zum hundertsten Mal die menschliche und historische Dimension der Bibel wieder zu entdecken und zur Geltung zu bringen. Gegenüber der Front einer existentialen Interpretation von R. BULTMANN mag man damit noch eine wichtige Stellung zu halten beanspruchen und das Evangelium vor dem Abrutschen in bloße Bedeutsamkeiten zu bewahren suchen, aber aufs Ganze gesehen stehen wir m. E. heute vor einer anderen Entscheidungsfrage. Es geht darum, ob es der gegenwärtigen Theologie gelingt, die Bibel wieder als Wort Gottes in den Blick zu bekommen und ob es ihr weiter gelingt, mit der Bibel so zu arbeiten, dass ihre Zugänge, Arbeitsweisen und erkenntnisleitenden Fragen von dieser Grundsicht erfasst, geprägt und bestimmt werden.

Die Autoren dieses Buches

Erhard Berneburg, geb. 1954, verheiratet, 5 Kinder. Studium der Theologie in Göttingen, Heidelberg, Erlangen und Tübingen. Vikariat und Ordination in der ev.-luth. Landeskirche Hannover. Drei Jahre Reisesekretär der SMD, drei Jahre Assistent am Institut für Missionswissenschaft in Tübingen. 1996 Promotion zum Dr. theol. mit „Das Verhältnis von Verkündigung und sozialer Aktion in der evangelikalen Missionstheorie". 1990-98 Gemeindepfarrer in der Hannoverschen Landeskirche. Jetzt Studienleiter des Krelinger Studienzentrums.

Thorsten Dietz, geb. 1971, Studium der Evangelischen Theologie und Philosophie in Münster, Tübingen und Marburg von 1990 bis 1997. Seit 1992 Mitglied im Arbeitskreis geistliche Orientierungshilfe (AgO), Studienassistent im Bodelschwingh-Studienhaus in Marburg (1994-1997), Dozent für Dogmatik, Ethik und Kirchengeschichte am Theol. Seminar Tabor (1997-2000). Seit Sommer 2000 Vikar im Kirchenkreis Herne der westfälischen Landeskirche.

Hellmuth Frey, geb. am 20. Dezember 1901 in Torri/Estland. Ab 1928 Pastor in Estland und Dozent für Altes Testament in Dorpat. Ab 1946 Dozent für Altes Testament an der Theologischen Schule in Bethel und Seelsorger für geistig Behinderte dortselbst. Gestorben am 27. Dezember 1982 in Bethel. Besonders bekannt geworden durch verschiedene Auslegungen in der Reihe „Die Botschaft des Alten Testamentes" (Calwer Verlag). Mitbegründer des „Bethelkreises" (1960) und der aus ihm 1966 erwachsenen Bekenntnisbewegung „Kein anderes Evangelium".

Hans-Jürgen Peters, geb. 1953, verheiratet, drei Kinder. Nach Theologiestudium in Bethel, Göttingen, Marburg, Tübingen und Heidelberg Vikar in Kassel. Fünf Jahre Assistent am Institut für Missionswissenschaft und Ökumenische Theologie in Tübingen. Seit 1990 Studienleiter am Bodelschwingh-Studienhaus in Marburg. Mitherausgeber und Autor der theologischen Zeitschrift „Ichthys".

Helmut Burkhardt

Christ werden

Bekehrung und Wiedergeburt –
Anfang des christlichen Lebens

208 Seiten. Paperback.
Bestell-Nr. 3-7655-9077-0

Ist einer schon Christ, weil er in eine christliche Kirche hinein-
geboren wurde? Oder muss man Christ erst werden? Aber wie?

Christsein ist im einst christlichen Abendland schon längst keine
Selbstverständlichkeit mehr. In manchen Großstädten gehören fast
fünfzig Prozent aller Bewohner keiner christlichen Kirche mehr an.
Und selbst das Christsein der nominellen Kirchenmitglieder scheint –
nach Umfragen über zentrale Glaubensinhalte zu schließen – recht
vage zu sein.

Dieses Buch gibt deutlich Auskunft.

Aus dem Inhalt:
- Von der Nichtselbstverständlichkeit des Christseins
- Die christliche Lehre von der Bekehrung
- Bekehrung in der Bibel
- Bekehrung in der Kirchengeschichte
- Bekehrung heute
- Fragen um das Wort von der Wiedergeburt
- Die Lehre von der Wiedergeburt
- Praktische Konsequenzen

BRUNNEN VERLAG GIESSEN